科学课堂有效教学十讲

姚国明　唐亚平　著

浙江工商大学出版社
ZHEJIANG GONGSHANG UNIVERSITY PRESS

·杭州·

图书在版编目（CIP）数据

科学课堂有效教学十讲 / 姚国明，唐亚平著. — 杭州：浙江工商大学出版社，2022.8

ISBN 978-7-5178-4993-3

Ⅰ.①科… Ⅱ.①姚… ②唐… Ⅲ.①科学知识—课堂教学—教学研究—中小学 Ⅳ.①G633.72

中国版本图书馆CIP数据核字（2022）第097393号

科学课堂有效教学十讲

KEXUE KETANG YOUXIAO JIAOXUE SHI JIANG

姚国明　唐亚平　著

责任编辑	沈敏丽
责任校对	张春琴
封面设计	浙信文化
责任印制	包建辉
出版发行	浙江工商大学出版社
	（杭州市教工路198号　邮政编码310012）
	（E-mail：zjgsupress@163.com）
	（网址：http://www.zjgsupress.com）
	电话：0571-88904980，88831806（传真）
排　　版	C点冰橘子
印　　刷	浙江全能工艺美术印刷有限公司
开　　本	710 mm×1000 mm　1/16
印　　张	12
字　　数	143千
版 印 次	2022年8月第1版　2022年8月第1次印刷
书　　号	ISBN 978-7-5178-4993-3
定　　价	55.00元

序

张文军

去年寒假，我接到姚国明老师的电话，他告诉我，他和唐亚平老师准备将从教二十余年的感受和体会结集成一本书，邀请我对此书进行指导，并作序。

接到他的电话，我很高兴他毕业以后坚持在自己的工作领域不断钻研，笔耕不辍，并取得了丰硕的成果。2006 年，他到浙江大学攻读教育管理硕士，我是他的硕士生导师。在我的印象中，他戴着黑框眼镜，清瘦，温文尔雅但又不乏活力，很好学，有上进心，论文从选题、调研、撰写到答辩，都一丝不苟，精益求精。他严谨、细腻、领悟力强……加上毕业后十几年的探索和反思，这本书一定是有独到之处的。

拿到《科学课堂有效教学十讲》的文稿后，我第一时间进行了通读。

读后，有一种久违的欣喜和感动。这本书的叙事方式真诚直白，恰如两位共事多年的挚友，和你倾诉他们教学过程中的点滴困惑、经验与教训，与你一起分享他们教学的乐趣及喜悦。真实，所有的对话都来自师生；朴素，所有的经历都来自课堂；实效，所有的经验都来自实践；可操作性强，让人一看就知道问题是什么，又该怎么做。细心揣摩，你能感受到他们对科学课堂的迷恋和专注，体会到他们对科学教育本质的理解。为此，谈三点主要感受，与大家分享。

第一，提供一种视角：针对课堂教学问题如何进行研究。

不少调查研究表明，一线教师在课程的实施过程中遇到不少困惑。比如，如何正确理解核心素养与学科课程标准的关系？如何改善教学方式，把握教学的呈现行为和指导行为策略？如何优化课程教学内容和教学过程，提升课堂教学的有效性？我认为，这些困惑大多是操作层面的，是由对课程肤浅、表象和形式化的解读造成的，并不涉及课程改革的态度和立场。事实上，对于学科课程，大部分教师只是记住了课程的有关概念和要求，却没有从本质上去理解和把握，更没有内化为指导行动的基本观念。面对这些来自课程实践本身的问题，我们需要用科学的眼光、审慎的态度进行分析，进而找到解决的方案。两位作者在这方面做了很好的尝试，他们用"教学案例"的方式记录下课堂教学中遇到的每一个问题，然后进行诊断分析，寻找问题产生的原因，再辅以若干改进的成功案例，最后提供解决问题的对策或建议。这些建议的针对性和操作性都很强，为一线教师解决教学中的实际问题提供了有益的借鉴。

第二，形成一套方法：课堂有效教学如何设计与实施。

伴随着课程改革的全面推进，现今的课堂出现了许多令人欣喜的变化，如：强调师生互动，倡导合作学习，重视兴趣激发，引导自主学习，重视主动构建，等等。但理性地进行分析，教师的课堂教学行为和方式与课程改革的要求还存在差距，泛化的情境教学设计、泛化的合作学习方式、泛化的表扬迁就（无原则）、泛化的生活教育、泛化的"三维目标"、泛化的个性张扬、泛化的实验教学在课堂中无差别地存在，而这些泛化的教学行为可能正在损害教学的内在功能。课程改革如何才能发挥内在生命力？不少教育工作者自然地把目光投向了有效教学这一有助于教育教学质量提升的新领域。书中用系统的方法，对有效教学理念、有效教学设计、有效教学手段、有效教学评价等直接关系学生成长的关键要素，进行了理性的总结和反思，在此基础上给出具有可操作性的范例，这不仅会直接推动科学学科教学发展，在课堂有效教学设计与实施方面也势必会产生理论和实践两方面的指导意义。

第三，构建一个框架：学科发展和有效教学如何有效链接。

全书一个明显的特点是将学科发展和有效教学同步链接，从学科的视角，以理解和建构为两条主线，阐述科学课程的性质、理念和内容体系，并在实践中给出相应的实施建议，以此推进科学教师对科学学科本身的认识和理解。从课堂的视角，以实践和反思为两翼，认识科学教学设计、科学教学模式、科学探究、科学实验、合作学习、动态生成、教学资源、情境教学等，以此提升科学教师对科学课堂和科学教学的理解及建构。

两大板块的大致逻辑顺序是：问题与思考、案例与联想、策略与实施。即每一讲的主题都是按聚焦问题、案例诊断、策略总结来呈现的，由感性到理性，循序展开，共同构成一个整体。这样一个理论与实践结合的框架，不仅体现了两位作者科学、严谨的研究态度和细致、精进的研究功力，更重要的是，为我们一线教师提供了一条开展课堂有效教学研究的新思路。它对于丰富和发展今天的有效教学研究，引导学科教学研究的走向等具有较高的理论和实践价值。

我国的基础教育课程改革已经进入深水区，新课程、新理念、新知识、新技术、新技能层出不穷，这些新特点和新要求，一方面能有力促进教育向现代化方向发展，同时也会给一线教师带来新的挑战。其实，无论怎样的新设想和新手段，最后都要落实到学科课堂中，落实在教师的教学行为上。从这个意义上看，《科学课堂有效教学十讲》确实做了件很有价值的事，我愿意推荐给从事科学教育的同行朋友们，希望能对大家今后的科学教学与研究有所启发。

是为序。

2022 年 3 月于杭州

前　言

　　改革开放四十多年来，我国的教育教学创新先后经历了全面复兴、初步发展、深入发展、体系重建和全面深化五个历史阶段。教育目标经历了从强调"双基"到强调"三维目标"，再到提倡发展"核心素养"三个发展阶段，随之完成的是教育基本理论的更新和课程教材体系的重建。这些影响深远的教学变革，对我们来说不仅是机会也是挑战：我们不仅需要对教育观、课程观、学生观等理念进行更新，而且需要在实践中对教学策略、教学方法、教学手段进行变革和适应。在这一过程中，我们有过与新理念碰撞后的犹豫、怀疑和观望，更有过在教育教学实践中落实新理念的迷惘、无助和期待。或许如破茧成蝶，每一次的进阶都伴随着痛苦，每一次痛苦都是一次蜕变，每一次蜕变都是一次成长。面对变革中的种种不适，面对来自自身课堂中的诸多问题，我们没有放弃，始终给予了热切的关注。我们和学生对话，和课堂对话，和文本对话，和工作室学员对话，和身边的科学教师同行对话，学员、教师、学生、课堂……我们记录下每一个镜头，然后进行分析、反思，解剖问题，寻找问题的解决方案。这些镜头下的记录和反思，汇集了我们对教育教学的理解和思考，形成了我们自身的教育教学主张。我们把这些教育理解和教学主张整理成册，也算是对自己多年研究的一个小结。

　　本书站在学科发展角度，以理解和建构为两条主线，从学科的视角，阐述科学课程的性质、理念和内容体系，并在实践中给出相应的实施建议。每一讲都会涉及科学课程相关知识，有些是对科学课程相关知识的理解，有些是应用相关科学课程知识来指导建构实践。我们试图将科学学科理论和实践进行有效链接，以此推进科学教师对科学学科本身的认识和理解。

本书站在有效教学的角度，以实践和反思为两翼，从课堂的视角，认识教学效率、教学设计、教学模式、情境教学、合作学习、科学实验和科学探究等。每一讲的主题都是按聚焦问题、案例诊断、策略总结来呈现的，由感性到理性，循序展开，共同构成一个整体。

本书共十讲，各讲内容如下。

第一讲：科学核心素养。主要阐述了核心素养的内涵，核心素养与三维目标之间的逻辑关系，科学核心素养内涵和科学核心素养的体系。

第二讲：教学效率。主要针对课堂教学中效率低下的问题，提出了教学效率的概念，分析了影响教学效率的因素，提出了提高教学效率的途径。

第三讲：科学教学设计。重点介绍了科学性、人本性的价值取向，艺术性、情感性的价值取向和主体性、创新性的价值取向。

第四讲：科学教学模式。以三种模式实验比较引发思考，重点介绍了"问题—发现"教学模式的操作范式、主要内涵与实施建议，五星教学模式基本要义、意义和教学建议，并给出了相应的应用案例。

第五讲：科学探究。以教学对比引发思考，分析了科学探究的本质特征，提出了科学探究的有效实施策略，解释了科学探究各环节的要义，给出了科学探究的范例。

第六讲：科学实验。分析实验教学的新现状和成因，提出了实验教学改进思路和实验教学优化策略，并提供了实验教学优化案例。

第七讲：合作学习。阐述了合作学习的概念，分析了当前合作学习中存在的问题及成因，总结了开展合作学习的策略。

第八讲：动态生成。阐述了动态生成的概念和基本特征，提出了动态生成教学的实现途径和动态生成教学的基本方法。

第九讲：情境教学。介绍了问题情境的内涵和意义，分析了当前情境教学存在的问题，提出了问题情境有效创设的原则、途径和方法。

第十讲：教学资源。阐述了如何认识课程资源，并对科学课程资源进行了分类，重点介绍了家庭课程资源的开发与利用和错误教学资源的开发与利用。

有学者说过，教学理论与教学实践之间长期以来似乎存在着一条难以逾越的"卡夫丁峡谷"，无数的教育者曾经尝试通过多种努力将其填平。然而，时至今日，教学理论与教学实践的无缝化对接仍然是一项未竟的事业。我们将以此次著作的出版为契机，秉承"让理想之光照进现实"的教育信念，努力朝"为未来而教、为未来而学"的教育追求不懈努力。

本书在写作过程中得到浙江大学基础教育课程研究中心副主任张文军副教授，杭州师范大学经亨颐教育学院副院长蒋永贵教授，浙江外国语学院胡永新教授，绍兴文理学院教育学院付八军教授，浙江省绍兴市教育教学研究院原院长、正高级特级教师吕华荣老师，浙江省绍兴市教育教学研究院赵新鸿院长等的指导与大力支持，在此深表感谢。由于本身水平有限，本书尚有许多不足之处，恳请专家、同行指正。

2022 年 1 月于浙江绍兴

目　录

第一讲　科学核心素养

在 2014 年 3 月印发的《教育部关于全面深化课程改革落实立德树人根本任务的意见》（以下简称《意见》）中首次提出了"核心素养体系"的概念，并将这一概念摆在深化基础教育课程改革、落实立德树人目标的基础地位，使其成为我国新一轮基础教育课程改革的灵魂。《意见》强调要根据学生的成长规律和社会对人才的需求，把对学生德智体美全面发展的总体要求和社会主义核心价值观的有关内容具体化、细化，深入回答"培养什么人、怎样培养人"的问题。

科学课程标准明确将"提高每一个学生的科学素养"作为课程的总目标和任务。初中科学学科核心素养内涵和体系是什么，每个科学教师对此必须要有十分清晰的认识。

一、核心素养的内涵

核心素养以培养"全面发展的人"为核心。学生发展的核心素养，主要是指学生应具备的、能够适应个人终身发展和社会发展需要的必备品格和关键能力。中国学生发展核心素养总体框架包括三个方面六大素养：

（1）文化基础：人文底蕴、科学精神；

（2）自主发展：学会学习、健康生活；

（3）社会参与：责任担当、实践创新。

二、核心素养与三维目标之间的逻辑关系

改革开放四十多年来，我国的教育教学创新先后经历了全面复兴、初步发展、深入发展、体系重建和全面深化五个历史阶段。教育目标经历了从强调"双基"到强调"三维目标"，再到提倡发展"核心素养"的三个发展阶段。

1978 年，教育部颁布了《全日制十年制中小学教学计划试行草案》和《全日制十年制学校中小学各科教学大纲（试行草案）》，强调教学要为实现我国四个现代化培养又红又专的人才打好基础；提出教材编写原则：精选基础知识，加强双基训练，注重智力培养。

2001 年 6 月 8 日教育部颁发的《基础教育课程改革纲要（试行）》中的三维目标既关注了学生知识与技能的发展，又关注了具有方法论意识的学生的学习过程和学习方法，还关注了更深远、更本质的学生情感、态度与价值观的发展。要落实总体的课程目标，就必须在教学活动过程

中实现具体的三个维度的教学目标。要发挥三维目标的重要作用，就要正确理解三维目标的内涵及其关系。

2014年教育部研制印发《关于全面深化课程改革落实立德树人根本任务的意见》，提出"教育部将组织研究提出各学段学生发展核心素养体系，明确学生应具备的适应终身发展和社会发展需要的必备品格和关键能力"。

三、科学核心素养内涵

科学核心素养是指学生在接受科学教育的过程中逐步形成适应个人终身发展和社会发展需要的必备品格和关键能力，是学生通过科学学习内化的带有科学学科性质的品质。科学课程标准明确将"提高每一个学生的科学素养"作为课程的总目标和任务。

四、科学核心素养的体系

科学核心素养由科学知识与技能、科学能力、科学方法、科学态度四方面组成。科学核心素养是以科学知识与方法为基础，以科学态度为支撑，以科学能力为核心的关于科学理解和科学应用的个体的内在特质。

（一）科学知识

科学知识是对客观世界的如实反映，包括科学概念与规律，主要涵盖生命科学、物质科学、地球和宇宙。

（二）科学能力

科学能力由科学技能和科学思维两部分组成，主要包含以下三个维度。

（1）识别科学问题的能力，其表现形式是：

①能识别将要研究的是不是科学问题；

②能认识研究对象的主要特征；

③能收集与问题相关的信息。

（2）科学地解释现象的能力，其表现形式是：

①能在实际情境中运用相应科学知识；

②能科学地描述或解释现象发生的原因；

③能用科学知识描述状态并预测变化。

（3）实施科学探究的能力，其表现形式是：

①能对某一具体现象提出所要研究的问题；

②能对问题做出科学假设；

③能提出实际解决科学问题的方案；

④能科学地实施方案，并进行观察、测量和记录；

⑤能收集信息，并进行定性或定量分析；

⑥能解释科学结论，并用科学语言进行交流。

其中，科学探究是科学的本质特征。科学探究是学生理解科学知识的重要方式之一。亲身经历以科学探究为主的学习活动是学生学习科学知识的主要途径。

（三）科学方法

科学方法是人们在认识和改造世界的过程中遵循或运用的、符合科学一般原则的途径及手段。科学方法作为科学课程标准的重要组成部分，是科学教育的重要内容，也是学生学习科学的重要方法。其主要包含以下三个维度。

（1）科学实验。包含观察法、实验法、模拟法等。

（2）科学思维。包含归纳、演绎、分析、综合、等效替换、推理、转化等。

（3）科学抽象。包含概念与符号抽象、模型抽象、数学方法等。

其中，科学实验是科学研究的基础，是实现科学实证的基本途径；科学思维是科学研究的灵魂；科学抽象则使研究对象从原始状态变身为理想化模型。

（四）科学态度

科学态度是指在认识科学本质，理解科学、技术、社会、环境（STSE）关系的基础上形成的对科学和技术应有的正确态度及责任心。主要包含以下三个维度。

（1）科学兴趣与社会责任。具体表现在：对自然现象的好奇心、对科学知识的兴趣、对资源与环境的个人责任感。

（2）科学态度与科学精神。具体表现在：能与同伴有效讨论与分析问题，听取同伴的意见；坚持真理，敢于提出和坚持自己的见解；尊重科学，反对迷信，用科学方法来认识问题。

（3）科学、技术与社会的关系。具体表现在：认识和理解社会需求与社会进步对科学和技术的推动作用；认识科学技术发展对社会产生的进步与影响；认识技术发展的负面影响，理解实施可持续发展的意义。

依据《义务教育初中科学课程标准（2011年版）》中关于科学能力和科学态度、情感和价值观的相关内容，科学教学参考书将科学素养要素之间的关系用图1-1进行了架构。从图中可以看出，科学素养的核心是科学能力，而科学能力的培养，又依赖于科学知识、科学方法和科学态度。因此，科学能力是提升学生科学素养的关键，科学方法则是科学知识转化为科学能力的桥梁与纽带，学生掌握知识并能将知识以一定的科学方法应用于科学实际，就具备了科学能力。

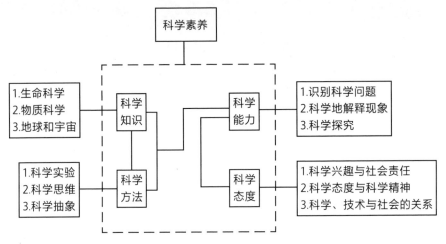

图 1-1　科学素养的要素关系

第二讲 教学效率

近几年来，随着教育制度和课程改革的发展，尤其是新课程的不断推进和深入，学校及教师的"生存意识"和"危机感"逐渐增强，为求发展，学校与学校之间，教师与教师之间在教学成绩上形成了强烈的竞争形态，而且越来越激烈。强烈的竞争意识，对提高教学质量起到了较大的促进作用。

然而，教学成绩的竞争给了教师很大的压力。就目前情况来看，部分学校及教师为使班级或自己所教学科的考试成绩名次升位，加班加点，在"时间"上下功夫；反复练习，在"拼"字上做文章。教学方法单一，教学手段落后，使学校不同程度地陷入了"教师累、学生苦、负担重、效率低"的教学困境。这一现象严重影响了师生的身体健康，不利于学生"德、智、体、美"全面发展，也不利于由"应试教育"向"素质教育"转轨。

针对这一现象，2021年7月24日，中共中央办公厅、国务院办公厅印发了《关于进一步减轻义务教育阶段学生作业负担和校外培训负担的意见》，并发出通知，要求各地区、各部门结合实际认真贯彻落实。全国各地区及学校先后采取了取消早自修、严格控制课外作业量、改革对学校和学生学业成绩的评价等一系列措施，旨在进一步端正学校办学思想，形成正确的教育观、人才观、民主观。对学校和教师而言，要保证教学质量的提高，又要减轻师生的负担，就必须，也只能把落脚点放在教学效率的提高上。如何提高教学效率，已成为当前教学研究的一个重要热点课题。

> 苏霍姆林斯基曾说过："如果学生在掌握知识的道路上没有迈出哪怕是小小的一步，那对他来说，这是一堂无益的课。无效的劳动，大概是学生和教师都面临的最大的潜在危险。"因此，"有效的课堂"是我们教育实践者的不懈追求，而提高教学效率则是有效课堂的根本追求。

一、教学效率的概念

在经济高速发展的今天，社会上各行各业都讲究提高效率。效率就是生命！教学也不例外，我们一定要有效率观。效率即是指单位时间内完成工作量的多少。"效率"一词在科学课程中也经常见到，如热机效率、机械效率等，这一般是指输出量与输入量之比。借鉴科学课程中的"效率"概念，教学效率可用教学效果与教学总投入之比来表示，即：

教学效率 ＝ 教学效果 ÷ 教学总投入　　　　　（2.1）

教学效果主要是指教学任务的完成、教学质量目标的实现情况。初中科学的教学效果应包括按课程标准和教材的要求，系统地掌握科学知识，培养科学能力，掌握基本科学方法，养成良好的科学精神，实现考分高、方法好、品质优的较高教学目标（如图2-1）。

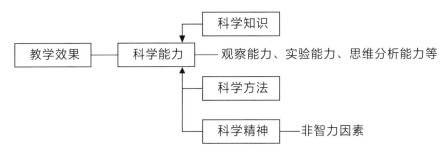

图2-1 科学教学目标内容

教学总投入主要是指教师的教和学生的学所用的劳动总量。教师的劳动量包括课前准备、上课、辅导、批改作业等在内的总劳动量。学生的劳动量包括预习、听课、作业练习、实验、复习、考试等在内的学习总量。教学总投入还包括教学设备和实验仪器等学校教学条件，即：

教学总投入 = 教师的投入总量 + 学生的投入总量 + 教学设备条件（2.2）

教学全过程的最终目的是提高教育教学质量，由教学效率的概念定义式得：

教学效果 = 教学效率 × 教学总投入 （2.3）

从式（2.3）可以看出，提高教学效率和增加教学投入都可以使教学效果得到提高。目前学校虽然都注重发挥这两个因素的作用，但对教学效率缺乏足够重视，而偏重教学的投入。而教学总投入中的教学设备条件对一所学校来讲，在一个时期内可以认为基本不变。如果用无限制地增大教学投入来达到教学效果，势必会增加教师的工作时间和精力，增加学生的补课和作业量，就会导致师生负荷超载，课业负担过重，不仅影响学生的身体素质和全面发展，也不利于教师的身心健康。

二、影响教学效率的因素

教学是一个极其复杂的过程，影响教学效率的因素很多，但主要是教师的素质和教学方法、学生的素质和学习方法、学校的教学设备条件、学校的教学管理等方面。

（一）教师素质

在教学过程中，教师起着主导作用。任何一个教学过程，都要靠教师去设计方案及程序，去有效地组织教学，所以教师的学科专业知识水平、教育教学理论水平、教学艺术、工作责任心、敬业程度是影响教学效率的关键因素。

（二）学生素质

在教学过程中，学生是主体。学生素质因素主要包括知识基础、学习方法、学习习惯、学习兴趣、个性、意志力等。依据唯物辩证法观点，外因是变化的条件，内因是变化的根本，外因是通过内因起作用的。所以学生因素是影响教学效率的决定因素。

（三）教学方法

传统的教学结构及方法，以教师为中心，以讲解为中心，以应付考试为中心，即"三中心"教学；实行教师"主宰"一切，课堂上"满堂灌"，课后"拼命练"，搞题海战术；有的"备课找题单，上课用题单，讲解对答案"；有的课堂结构不合理，教学容量、知识密度安排不适中；有的教学计划性不强，"走到哪里就在哪里歇"，"课堂不够课外补"；等等。这类传统教学忽视了以教师为主导、以学生为主体的作用，使学生被动地"接受",而不是主动地去获取;教学围绕"考题"转,忽视了知识的系统掌握和能力、方法的培养。教学方法的优劣是影响教学效率的重要因素。

（四）教学管理

学校对教学过程和终结性教学成绩评价的管理及导向,是影响教学效率的又一因素,如采用较好的教学方法,结果应该优于采用加班加点、增加教学投入所取得的成绩。目前教学质量评价体系还未涉及这一问题。同时,通过管理形成良好的教学环境（如校风、班风、教风、学风等）也能提升教学效率。

（五）教学条件

学校实验室建设、演示实验、学生实验的开出率,现代化的电教手段,如电脑、多媒体使用等教学条件的好坏也是影响教学效率的因素之一。

三、提高教学效率的途径

（一）依标务本,落实教学层次要求

《义务教育初中科学课程标准（2011年版）》对初中各年级教学目标和知识点提出了分层次的教学要求。如在教学目标上,提出了知识与技能、过程与方法、情感态度与价值观的目标。在知识与技能上提出了知道、了解、说明、概述、解释、理解、学会七个层次的要求;在过程与方法上提出了探究性体验和创新性体验两个层次要求;在情感态度与价值观上则提出了反应和领悟两个层次的要求。《义务教育初中科学课程标准（2011年版）》对教学内容和层次要求的确定,是为实现教育总目标,

针对我国教育实情，结合学科特点，经过反复论证与实践而确定的，具有科学性。科学教材是以科学课程标准为依据，经过教育专家的精心设计和编写并在大范围内进行几轮实验，反复修改而形成的，具有权威性。所以，教学必须依标务本，把握好教学层次要求，将不同的教学层次要求落实在每一节的教学中，按照课程标准要求进行教学。依标务本，是提高教学效率的有效途径。

（二）开展校本教研，提高教师业务素质

教师业务素质的高低，是能否搞好教学工作的关键。提高教师的业务素质，除了函授继续学习外，以校为本开展教学研究活动也是提高教师队伍整体素质的一条切实可行的路子。通过近几年的实践与探索，我们认为采取以下几种方式，可以有效强化教师队伍建设，提高教师业务素质，从而提高科学学科的教学效率，切实减轻学生学习负担。

1. 以组内学术主题讲座为核心，抓专业学习，促理论提升

通过建立理论学习制度，建立校级"学术主题讲座制度"，规定名优教师、骨干教师和高级教师必须在任期内开展一次校级学术主题讲座，讲座的内容可以是学科方面的，也可以是德育方面的，时间则必须是一节课以上。

2. 以"三定三统一查"为关键，抓集体备课，促资源整合

可以将教师集体备课作为教研组校本教研的重要方式之一，强化单元集体备课制度，采用"三定三统一查"的做法，集思广益，共同过好教材关，共同提高驾驭教材的能力。所谓"三定"，一是定时间，二是定内容，三是定活动形式和程序。所谓"三统"，一是统一进度，二是统一教学资源，三是统一质量分析标准。"一查"是教研组长需经常深入备课组指导，并定期查阅单元备课表、活动记录表。

3. 以"课例研究"式的主题教研为支点，抓课堂实践，促技能提高

教师教研活动以课堂教学为重点，每月安排教师说课或上课，组织教师结合实际案例听课、评课，在实践、反思、归纳的基础上形成主题教研成果集。

4. 以"五思"为内容，抓反思，促专业发展

要求教师每篇课文的教学都做好教学的"过程追踪与反思"记录，做到"五思"：思成功之处、思失误之处、思学生的不同见解之处、思学生出现的问题、思今后的改进创新。同时，还可以在全组教师中开展撰写教学故事（得失录）的活动。

5. 以小课题研究为根本，抓群体课题研究，促内涵延伸

从"课堂中的问题"入手，积极开展校级小课题研究，在此基础上，学校合并研究方向相近的校级个人小课题，形成教研组合作课题或子课题群。

实践证明，开展教研活动是提高教学效率的根本途径。

（三）改革教法，优化课堂教学结构

改革教法，主要处理以下几对关系。

1. 正确处理好"主导"与"主体"的关系

任何一种教学方法都离不开教师的主导，一堂科学课教什么？怎样教？学生怎样学？教材内容处理、教学难度的控制等主要靠教师的精心设计、合理安排和科学指导。"导"得如何，直接影响到教学效率。教学主体是学生，教师指导学生去主动学习，通过创设课堂情境，让学生积极动脑、动手、动口，发挥眼、耳、手、口、脑多种感官的功能，最大限度地突出学生的主体地位。研究表明，学生的自学阅读、课堂讨论、实验操作、归纳小结、作业练习等活动时间占整个教学时间的50%—60%

为最佳，这样既充分发挥了教师的主导作用，又突出了学生的主体地位，实现了主导与主体的最佳结合。

2. 正确处理"知识""能力"和"方法"三者的关系

知识与能力是辩证统一的关系，它们相互作用，相互影响。知识是能力的基础，能力提高了，又有利于对知识的理解和掌握。在教学中应将知识的传授与能力的培养二者等同对待，有机结合。

同时，教师在教学中要加强对方法的研究，方法不仅是指教师的"教法"，还应包括学生的"学习方法"。教学方法的着眼点在于"教会学生如何学"。有句名言："教会学生学什么是为了过去，教会学生怎样学才是为了将来，掌握科学方法才是学生的无价之宝。"从这个角度看，教给学生科学方法比教给学生知识还重要。

3. 正确处理"课堂教学"与"第二课堂"的关系

课堂教学是整个教学的主阵地，是传授知识的主要渠道。教师在教学中应充分发挥课堂内45分钟的效率。在课堂教学中，知识密度的分布、演示实验、学生实验的恰当安排、讲与练时间的调节、质疑讨论、复习反馈的设置等是优化课堂教学结构的基本要素。在课堂教学之外，还应积极开展学生"第二课堂"活动。比如举行科学竞赛，开展科技小发明、小创作竞赛活动，指导学生课外阅读科技报纸、读物，开展课外实践活动及研究性学习，等等，以激发学生兴趣，发挥学生主观能动性，发展学生特长。切不可搞课内不够课外补，布置超量的课外作业，否则必然会加重学生的负担，使学生在完成作业时缺乏思考、钻研的时间，甚至出现学生抄袭作业应付检查的现象，这样怎能提高教学效率？

4. 正确处理好"讲"与"练"的关系

教师的讲应是精讲，是启发式的，讲重点，讲难点，讲易错、易混淆的概念，而不是面面俱到和"满堂灌"。同时要留给学生思考的空间和时间，切忌"一言堂"。"练"是学生复习巩固知识的过程，是理解和应用知识的过程，是提高能力的过程。但教师必须精选习题，分层次进行，做到"精练"。目前社会上各种练习册、习题集泛滥，教师应精选精用，"以十选一，以一学十"，不搞题海战术。讲在"纲"中，练在"点"上，使讲、练有机结合。

改革教法，优化教学结构，根据不同的课型，采用不同教学方法，使学生受益最大，这是提高教学效率的重要途径。

（四）注重实验，采用多种教学手段

科学是一门以实验为基础的学科，科学概念、规律都是从实验中总结出来的。有句谚语是："告诉我，我会忘记；给我看，我会记得；让我做，我才懂得。"这说明亲身体验在学习中是非常重要的环节，是提高教学效率行之有效的办法。在教学中应该做好演示实验，完善学生实验，指导学生开展社会实践活动和家庭小实验，使学生对自然事实获得具体的感性认识，并最终形成理论，提高能力。

运用直观的教学原则，充分利用实物、模型、图片进行直观形象的教学，可使学生记忆牢固，理解深刻。利用幻灯机、投影仪、电视、录像、录音等教学媒体进行现代化教学，可增强课堂教学的活力，提高教学时间的利用率，拓宽教学信息通道，增大教学信息容量。

重视实验，充分利用多种教学手段是提高教学效率不可忽视的重要方向。

（五）加强管理，创造最佳教学环境

1. 强化教学常规的严格科学管理

如做好课前五备：备教材、备学生、备教法、备作业、备实验，设

计教学过程中的每一个细节。教师一个人多花一些时间做好课前准备，使教学达到最佳状态，可以提高一个班几十个学生学习的效率。虽然老师的劳动量增大了，但节省了几十倍学生的投入量，总的教学投入大大减少，教学效率可以得到较大提高。

2. 加强目标教学管理

依据课程标准制订教学总目标，将总目标在教学中分解为单元和课时教学目标，进行达标检测，及时反馈矫正，有针对性地进行教学补偿，是提高教学效率的重要手段。

3. 利用教育评价手段，建立激励机制

设立教学效率奖，调动教师的积极性；加强管理，优化教学环境；最终形成良好的校风和班风、教风和学风，是提高教学效率的基本途径。

总之，现代教育呼唤素质教育，而提高教学效率是真正落实素质教育的根本保证。提高教学效率的途径和方法有很多，但人的因素起着最关键的作用。作为教师，要努力学习，提高自身素质，探索教学规律，改进教法，指导学法，努力发挥学生学习主动性，使教学效率得到切实提高。

第三讲 科学教学设计

好的教学设计是教学成功的一半。在教学中，教学的成效与有效教学设计有很大的关系，只有抓住有效教学设计的基本特征，进一步提升有效教学设计的实施策略，才能调动学生的学习积极性，促进学生对知识的主动构建，真正提高课堂教学的有效性，让学生快乐地享受由教师设计的教学。

科学教育作为素质教育的重要组成部分，在课程改革中，被赋予了前所未有的重要使命。但目前，科学课程的课堂教学设计仍然未完全摆脱功利主义和知识本位的影响，传统的"灌输式"味道还很浓，具体表现在：教学中以教师传授、学生接受为主，教学方法呆板，教学手段单一，教学评价狭隘。这些使得科学课没有真情，缺乏美感，失去创新，抑制了学生爱动的个性，抹杀了学生对科学异想天开的激情。要改变这种状况，科学教师必须以现代的教学思想为指导，精心设计课堂教学。我们认为，求真、求美、求新是科学教学设计的价值取向。

一、求真——科学课堂教学设计的科学性、人本性价值取向

科学课堂教学的求真价值取向，表现为"二真"。一真：追求教学设计时坚持按教学规律进行，也就是教学设计的科学性。二真：追求教学设计的人本性，也就是教学设计要以人的发展为本。

（一）科学教学设计的科学性

现代的教学设计理论认为，教学设计就是以教学理论和学习理论为基础，系统分析教学问题，确定教学目标，优化教学过程，建立解决教学问题的策略，评价运行结果和修改方案的过程。这指的就是教学设计的科学性，体现在科学课中包含了如下几方面。

1. 学习背景分析的科学性

学习背景分析包括对学习任务的分析和对学习者的分析。教师对学习任务进行分析，不要仅凭个人经验或模仿别人的经验来做出，而是要以学习理论为指导；对学习者的分析，也不是凭想象和印象随意做出的，而是要经过深入细致的了解和分析来得出，力求对学习背景分析准确、全面和科学。

2. 教学目标的科学性

要求科学教师在设计教学目标时，要着眼于学生核心素养的发展，以课程标准为依据，科学地细化学生所需达到的过程方法目标、知识技能目标、情感态度和价值观目标。

3. 教学策略选择的科学性

要求教学内容和手段的设计须从学生、教材、教学目标、教学资源条件和教师自身状况出发，力求方法手段的灵活多样和切实可行。

4. 教学评价的科学性

要求教师在实施课堂教学评价时，关注个体差异，重视综合评价；强调参与互动、师评与生评相结合；注意过程、终结性评价和形成性评价相结合；力求教学评价指标多元、主体多元、方法多样。

如在下述"光合作用"一节的教学设计中，相关教师在学情分析、教学目标定位、教学策略选择等方面就较好地体现了这一要求。

（1）学情分析。

学生在前一节"呼吸作用"的学习中，已经能从物质和能量的角度来分析生物的生命活动，而且在小学阶段对光合作用也有过初步学习，这为光合作用的系统学习打下了一个良好的认知基础；同时，在前面的学习中，学生通过设计实验探究了呼吸作用的实质，具备了通过实验来认识科学现象的意识，也初步具有了科学探究能力，能自己设计实验，分析实验现象，总结实验结论，这为光合作用的学习奠定了一个良好的能力基础。

（2）教学目标定位。

把能从物质和能量的角度认识光合作用的实质、意义，知道光合作用原料、产生的条件和产物作为知识和技能目标；把通过比较光合作用和呼吸作用的形成来寻找及认识科学事物发展的规律，以及充分体验实验探究光合作用的过程来进一步形成科学探究能力作为过程和方法目标；把通过探究光合作用的实质形成物质和能量的统一观和实事求是、严谨的科学态度作为情感态度和价值观目标。

（3）教学策略选择。

根据本节的教学内容，重点突出以下教学思想：体现学生主体；强化体验；突显探究。并按照"情境、协作、建构、共享"四个阶段对这节课进行设计。

（二）科学教学设计的人本性

关注人是新课程的核心理念，教学设计的宗旨是为了学生的发展。但是许多教师在教学设计中过分强调和重视学科知识的重要性，把学科知识凌驾于教育之上，凌驾于人之上，注重知识传授和能力培养，忽视道德体现和人格养成。因此，笔者认为科学教学设计必须进行价值本位的转移，即由以学科为本位转向以人的发展为本位。这就要求教师在教学设计中做到以下几点。

1. 关注每一位学生

教师在进行科学教学设计时要充分考虑学生间的个体差异，做到教学内容和教学活动的设计有层次，使每个学生都被兼顾并真正学有所得。

2. 关注学生的道德生活和人格养成

"教学永远是具有教育性的。"这是教学活动的一条基本规律。教师在进行教学设计时不仅要充分挖掘教学中的各种因素，还要关注和引导学生在教学活动中进行道德体验和人格养成，这样，学生伴随着知识的获得，会变得越来越有爱心，越来越有同情心，越来越有责任感。例如，在科学教学中，结合课本中的科学史资料，对学生进行科学家的科学品质和人格的教育；讲解能源的相关知识时，对学生进行节约能源、珍惜能源的教育；讲解环境污染的相关知识时，对学生进行爱护环境、保护环境的道德生活情感教育；等等。

二、求美——科学课堂教学设计的艺术性、情感性价值取向

科学教学设计的"求美"价值取向，表现在两个方面：一是外在美，即科学教学设计的艺术性；二是内在美，即科学教学设计的情感性。

（一）科学教学设计的艺术性

所谓艺术性，即按照美的规律和审美原则进行教学设计，其主要体现在课堂教学设计的外在美，既有出其不意、引人入胜的导入美，科学合理、水到渠成的衔接美，有意栽花花盛开、无心插柳柳成荫的生成美，山穷水尽、柳暗花明的教学意境美；还有抑扬顿挫、形象生动的教学语言美，运筹帷幄、从容不迫的教学气质美，声情并茂、激情无限的教学行为美；等等。如某教师在上科学八年级"大气的压强"这一节时，对课本中的"覆杯实验"进行了重新设计和改进：在杯子的底部打了一个小孔。演示时，教师先用拇指堵住孔，灌满水，倒立后，纸板没有掉下来，证明大气有向上的压强；然后教师将拇指移开，结果纸板掉下，水倒出。为什么？原因是大气向下也有压强。这样的设计，形成鲜明的对比，使学生对大气压强的存在及特点印象深刻，也易理解。

（二）科学教学设计的情感性

孔子说过："知之者不如好之者，好之者不如乐之者。"教学过程应该成为学生愉悦的情绪生活和积极的情感体验，所以在对科学课堂教学的每个环节的设计中都要体现情感。作为科学教师必须关注：在教师设计的课堂中，学生是精神饱满的还是无精打采的？是互动热烈的还是冷漠呆滞的？是学习获得感强的还是一无所获的？是学习积极性越来越高的还是越来越低的？许多教师忽视了情感的设计或情感设计形式化。粗

粗一讲，简单一提："这个实验设计很有趣。""这则材料给了我们启示。""你们喜不喜欢上科学课啊？"这样的情感设计太空洞，不能感染学生，难以使学生与教师产生情感上的共鸣，这就要求教师做到以下几点。

1. 教学环节的设计要有情感性

包括课堂的导入、课堂的设问和活动的交流评价，这些环节都要通过情境形象生动、有感情地展现出来。如一位教师在上科学八年级（上）第四章"电路探究"这一节时设计这样的导入：以绍兴被评为全国十大魅力城市之一为背景，播放录像，呈现绍兴五光十色、璀璨亮丽的夜景，涉及绍兴几大主要街道、城市广场、环城河、塔山公园等地点，熟悉的情景、事情和环境，马上激起了学生情感的共鸣，他们情不自禁地用手指画面叫出地名，并由衷地感叹：绍兴的夜真美！此时，教师再自然地引出本节课的课题。这样的导入设计形象、真实、生动，能吸引、感染学生。

2. 教师教学语言和行为要有情感性

教师要用心施教，体现教师对本职工作的热爱、对学生的关切。每一节课中，教师要精神饱满，充满激情；语言要亲切、响亮、有节奏、富有感情；对待学生热情、不冷漠；评价学生多用激励、肯定、赞赏的语言，少一点责怪、讽刺、挖苦的话语；活动时深入教学中和学生一起交流讨论；学生在情绪不佳时，上前拍拍其肩膀；成功时真诚地向他伸出大拇指；等等。教师要用真诚的关爱去拨动学生的心弦，去滋润学生的心田。

三、求新——科学课堂教学设计的主体性、创新性价值取向

"主体、创新"是科学课程标准的精髓。它以面向全体学生为基点，以培养学生方法能力为重点，以提高学生的整体素质为宗旨，因此，科学教学设计的"新"即是体现主体性和创新性。

（一）科学教学设计的主体性

主体性是指教学中学生积极主动地参与到探索和发现新知识的教学过程中来，成为课堂学习和活动的主人。在教学设计中要使学生最大限度地处于主体激活状态，让他们在科学课中积极主动地动手、动口、动眼、动脑，愉快地体验科学，认识科学，探索科学。这就要求教师做到以下几方面。

1.优化对课堂环境的设计

教师要打破一般课堂的课桌椅"秧田型"的摆放形式，根据所设计的学习方式重新组合课桌椅的摆放。若教学设计中采取探究性学习方式，课桌椅可按合作学习小组进行"组团式"摆放。小组的划分可按需要同质或异质组合。为了便于指导不同层次的学生，可把相同程度的学生编为一组；需要同学之间的互相帮助时，可把不同层次的学生编在一起。课堂空间的开放，便于师生主动参与，积极交往。

2.师生交流活动的设计要由单向、双向交流往多向交流发展

以往传统的课堂大多是"教师问学生答"的单向交互，这种形式的优点是能在短时间内达成教学目标，缺点是会降低学生自主学习的热情，不利于发挥学生的创新精神，不利于培养学生的创新思维。科学课堂的教学设计，要提倡师生、生生的多向交流：如在课堂活动中，让学生自

主地提出问题，再请别的同学回答或自答或师生共同展开讨论；教师允许学生大胆质疑；对学生的不同见解要给予尊重和保护；要营造宽松、平等的课堂氛围，允许学生对自己的学习过程和成果进行自评和互评。

（二）科学课堂教学设计的创新性

"学贵在知新，更在创新。"科学课中的问题提出、问题的解决和成果的产生等各个环节均体现了鲜明的创造意识和独特的创造行为，因此，教学设计要充分体现科学课的创新性。

1. 设计一些鲜明的探究性课题

如针对某地区土壤受到的"白色污染"、针对某湖泊的"富营养化污染"或针对城市的"光污染"，组织学生开展有关环境污染的调查和探究活动。在组织探究时，要鼓励学生独立思考，敢于质疑，发现新问题，提出新观点，鼓励其自行设计问题解决方案，自行解决问题并对结果进行自评。教师则扮演好引导、支持和帮助的角色。

2. 设计一些简单的实践创造活动

如给出一些物质，让学生设计鉴别方案进行实验；提供一些器材，让学生利用电磁铁知识，设计温控、水控和声控报警器；设计一些开放性的问题，让学生从多个角度去寻找解决的办法；还可给出情境，让学生从多个角度提出问题或看法；等等。

第四讲　科学教学模式

教学模式是在一定教学思想或教学理论的指导下建立起来的较为稳定的教学活动结构框架和活动程序。教学模式在教学中具备中介作用，能为各科教学提供一定理论依据，使教师摆脱只凭经验和感觉进行教学，搭起一座理论与实践之间的桥梁。同时，教学模式也是教学研究方法论的一种革新。教学模式的研究指导人们从整体上去综合地探讨教学过程中各因素之间的相互作用和其多样化的表现形态，以动态的观点把握教学过程的本质和规律，同时对加强教学设计、研究教学过程的优化组合也有一定的促进作用。需要注意的是，教师应树立正确的教学模式观，结合教学实际，领悟教学模式的建构方法，超越模式，走向教学的自由境界。

初中科学是以自然现象为研究对象，通过实验等来探究自然规律的一门学科。科学教师应不断研究科学教学的规律，改进教学方式，寻求课堂教学的升值。下面从三种模式实验比较引发的思考出发，重点探讨问题—发现模式和五星教学模式在科学教学中的应用。

一、问题—发现模式在科学教学中的应用

（一）三种模式实验比较引发的思考

《中国教育改革和发展纲要》指出，基础教育应是素质教育，即在传授知识的同时，开发学生智力，培养能力，突出个性，实现全面和谐发展，使学生具有独立思考能力和创新意识。初中科学作为一门综合理科课程，已在浙江省全面实践许久，应该说科学课程在内容、学习方式和评价上有许多契合当代教育的特点，在实践中也产生了许多令人瞩目的可喜的变化。但其课程结构能否真正体现素质教育要求，还须从科学的课堂结构开始研究。目前，不可否认的是，在科学课堂教学结构中沿用传统课程教学模式的情况还比较普遍，如教师讲学生听，教师提问学生答，教师做演示实验学生当旁观者，等等。在课堂教学方式上，讲提式课堂教学多，探究性课堂教学少。这些传统的教学模式，忽视了学生的主体作用，抑制了学生学习的能动性，不仅降低了课堂教学效果，而且容易扼杀学生的学习兴趣和创造欲望。那么，在科学课堂教学中，如何凸显以学生为主体的教学观，使学生真正成为课堂学习的主人呢？教学

模式的研究或许能为解决该问题提供一种有益的思路。

在受老师关注比较多的科学教学模式中，我们选择了学案导学模式、引导启发模式与问题—发现模式进行对比研究，旨在寻找到一种相对更佳的教学模式。

模式1：学案导学模式。一节课以学生间相互交流为中心，课前学生根据学案稿进行自学，课中学生在教师的指导下进行讨论。

模式2：引导启发模式。一节课以教育内容为中心，由老师提出问题，并且进行启发式讲授。

模式3：问题—发现模式。在教师的引导下分三段进行：①教师提供问题情境。②学生根据已有的知识自己去发现、回答和解决问题。③根据教育目标，针对问题进行归纳和应用。

研究方法：选择三个班级、三节学科性质不同的内容分别采用上述三种模式进行教学。

样班：在初三八个教学班中随机抽取三个班。

教育内容：①硫酸；②电热器；③人体的免疫。

检测评估：每节课后对学生进行闭卷测验，试卷由课题组按科学课程标准的要求预先编制，测验结果如表4-1所示。

表4-1 三种模式测验结果

模式采用	初三（6）班			初三（7）班			初三（8）班		
	1	2	3	2	3	1	3	1	2
教学内容	硫酸	电热器	人体的免疫	硫酸	电热器	人体的免疫	硫酸	电热器	人体的免疫
平均分数	72.2	71.4	90.2	74.3	85.4	84.7	86.1	75.6	85.7

由以上数据可知：模式1和模式2效果相当，都比较差，模式3效

果相对较好。即学案导学模式及引导启发模式的教学效果都明显低于问题—发现模式。

（二）模式建立的理论依据

1. 从教育学理论角度进行分析

布鲁纳的发现理论：认识是一个过程，而不是一种产品。学习不仅是让学生掌握这些知识，更在于让学生去体验知识原理的生成过程。

赞可夫的发展教学理论：教学法一旦触及学生的情绪和意志领域，触及学生的精神需求，就能发挥高度有效的作用。

奥苏伯尔的有意义学习理论：创设问题情境，引导学生对知识本身产生兴趣，产生认知需求，产生一种需要学习的心理倾向，激发学习动机。

2. 从认识论角度进行分析

问题—发现模式辩证地处理了教与学的关系，将学生的学习看作受外部环境影响的、个人智能的、复杂的动力系统，因此问题—发现模式的核心是激励、促进学生的积极思维。

3. 从教育心理学角度进行分析

初中学生有一定的观察能力，他们一般能根据教学目标有计划、有选择地观察实验现象、动手实验、思考问题。同时，学生的独立思考能力越来越强。他们喜欢讨论问题的产生原因，解释事物发展的因果关系。心理学家的研究还表明，尽管初中生思维较儿童时期来说有较大的发展，但分析判断能力还不成熟，不能放任自流，因此须有教师的有力指导。

4. 从自然科学方法论角度进行分析

自然科学的研究过程是以自然现象、科学实验为基础，用科学方法来展开的探索过程。即：提出问题—探索问题—解决问题—迁移发展

（再提出问题）。据此来确定的教学程序，有利于学生智力的发展，并养成其独立求知和探究的能力。

（三）问题—发现模式的操作范式与主要内涵

问题—发现模式是基于初中学生好奇的心理特点，以问题为学习的起点，学生根据教师提供的材料，并在教师引导下自己去解决问题的过程。其实质是一种以认识论为基础，以科学方法论为依据的教学方法，在这个过程中，学生不再是知识的消极接受者，而是知识的积极发现者。

依据科学学科知识的本身特点，按照教育心理学及现代教学论对教学模式的一般要求，我们建构了问题—发现教学模式的操作范式（如图4-1所示）。

创设问题情境 → 选择科学事实 → 加工处理科学事实 → 巩固应用

图4-1　问题—发现教学模式的操作范式

这是该模式的一般教学流程图，在实际运用该模式进行教学时，必须结合具体的教学内容对每一环节进行教法和教学手段的指导。下面我们以具体教学内容为例，阐述每个教学环节的主要内涵。

1.创设问题情境环节

问题是一切教学的起点，正如英国科学哲学家波普尔所说："科学与知识的增长永远始于问题，终于问题——愈来愈深化的问题，愈来愈能启发大量新问题的问题。"该阶段的实质是教师通过设置一定的问题情境，创设解决问题的矛盾冲突，使学生明确发现的对象或中心，并产生强烈求知欲望。科学教学中，问题情境创设途径常见的有以下几种。

（1）实验情境引入问题。

这是科学教学中最常用的方法。如在"大气压强"的这节教学中，教师给学生一根注射用的针管，针管尖端的小孔用橡皮套封住，让学生用力拉活塞，无论如何也拉不动，学生感到很奇怪，由此引出"大气压强"的课题。

（2）以直观模型引出问题。

日常生活用具以及与教材同步配置的实物标本、模型等都可以作为问题情境来使用。如讲"原子"时，可在演示水电解实验的基础上，用图4-2的实物模型配以讲解，让学生直观理解化学变化，引出原子的定义。

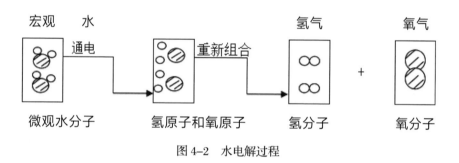

图 4-2 水电解过程

另外，随着信息技术在教学中的广泛应用，虚拟现实技术和增强现实技术等也可用来创设新奇的直观问题情境。科学中有很多微观的、抽象的和不易观察到的科学现象，如宇宙的演变、生命的进化、分子的运动、溶洞的形成等，可以通过信息技术手段展现其过程，让学生比较直观地观察到，达到引问的目的。

（3）以直观语言设计问题。

即教师通过新旧知识间的联系来设置问题。例如，讲"碱"时，可让学生根据对"酸"的学习经验，写出氢氧化钠、氢氧化钾、氢氧化铜、氢氧化铁四种碱的电离方程式，然后提问：这四种碱电离后产生的阳离子和阴离子有什么特点呢？以此引导学生动脑思考，引出碱的定义。

2.选择科学事实环节

学生拥有与解决问题有关的科学事实是问题解决的关键。在这一阶段，学生围绕问题，依靠大脑认知结构中已有的知识，对教师给出的问题背景材料或信息进行筛选、分析和初加工。显然，在分类和加工信息的过程中，学生会产生积极主动的思维活动。学生获取科学事实的途径主要有以下四种。

（1）通过实验获取事实。

这种方法不仅直观而且鲜明生动。一方面，教师在教学中要尽可能地利用身边资源创设实验，另一方面，还应创造条件将演示实验转化为学生分组实验，将教材中的验证性实验改造成探究性实验，以更好地激发学生的学习兴趣，同时扩大学生参与学习的深度，为其学习新知识提供更充分的感性认识。例如，在"二氧化碳性质"的教学中，可通过二氧化碳通入紫色石蕊试液使试液变红的实验，获取二氧化碳能溶于水并生成酸的化学事实；讲"浮力"时，可以从"在水里的木块浮在水面上""空铁盒浮在水面上"等现象，获取"浸在液体中的物体受到水向上的托力"的事实，为进一步分析浮力做好铺垫。

（2）通过实物教具、多媒体信息获取事实。

实物直观且获取相对简单，可以是教师课堂呈现的，也可以是学生自己制作的。同时由于现代教育技术的发展，利用微机等多媒体可以形象化、动感化、跨时空地为学生提供思维加工的感性材料。

（3）通过教师提供的阅读材料来获取素材。

科学涉及的知识范围广，有不少科学事实要通过文字材料，借助语言来呈现。如元素与化合价的含义、元素周期表的规律、生物分类的方法等，都需要教师通过给出材料信息和进行语言描述来传递给学生。当然，学生能否完整、准确地感知信息，取决于教师描述材料的语言是否科学、准确和生动。

（4）通过参观、访问、调查来获取信息。

科学是一门与社会、科技和生活密切相关的学科，教材中安排了不少校外实践活动。如学生开展"环城河水污染调查""公园植被种类与分布调查"……这些信息为水的净化和种群、群落的学习提供了很好的背景素材。

3.加工处理科学事实环节

将感性认识上升到理性认知，是学生学习科学最重要的环节，也是教师在教学中最重要的目标之一。这一环节，教师运用归纳、演绎、比较、推理等逻辑思维方法以及转化、类比、建立模型、理想实验等科学方法，启发引导学生对科学事实进行分析，归纳出概念和规律。探讨发现形式，可以是师生间的问答，也可以是教师启发下的学生小组合作讨论，还可以是教师组织引导下的学生自主实验探究。

这些方法和形式，教师不可能在一节课中同时采用。教师要做到合理的综合运用，需要对学情有充分的了解，对教材有系统的把握，对课堂有娴熟的驾驭能力。这是在整个教学模式的运用中最关键的一步，既是对学生思维进行训练的核心环节，也是教师的素质和教学艺术的体现。教师要有科学的教学观、教师观和学生观，灵活处理和使用教材，通过启发诱导，让学生充分体验学习过程，深度参与学习活动，从而完成科学原理和规律的建构，最终达到对学生智力与非智力因素的双重提升。如讲"酸的通性"一节时，学生已经有了对硫酸和盐酸两种酸的化学性质的实验事实，教师应以此出发，采取对比分析的方法，让学生分析酸电离时产生共同的阳离子——氢离子，从而形成酸具有通性的本质原因的认识。讲"惯性定律"时，当演示完小车在毛巾、棉布、木板表面上一次比一次通过距离远的实验后，让学生讨论："小车三次通过的距离为什么不一样？若小车通过的表面摩擦力为零，小车的运动情况将会怎样？"通过这种逻辑推理，既得出惯性定律，又使学生学会了理想实验这一解决问题的方法。

4. 巩固应用环节

当学习者可以应用新知识时，才能促进学习。应用所学的知识解决生活中的实际问题，既是学习的最高境界，也是巩固知识和迁移学习的需要。通过前三个环节，学生对科学概念和原理有了基本了解，此时教师应及时为学生提供相应练习，帮助学生进一步理解巩固所学知识并实现知识的迁移。需要注意的是，设计的习题要体现三方面的特性：一是科学性，符合课程标准对教材的要求；二是层次性，解决习题的思维要有螺旋式上升；三是针对性，符合学生认知基础。科学课习题应用通常包含以下三方面：一是巩固性习题，即习题所涉及的知识点与授课内容一致或相近，多为本节课的重点或难点内容，这类习题是旨在让学生巩固课内知识的针对性练习；二是拓展类习题，即习题情境与概念和原理有联系但又有变化，学生需要在理解知识的基础上，通过推理分析，才能将问题解决；三是综合类习题，这类习题涉及的知识点多，往往是对本单元或本章多个知识点的综合运用，训练的是学生综合运用知识的能力。

（四）问题—发现模式的教学建议

1. 把握"点的聚焦"——课堂教学主体切实从教师转到学生

关于课堂教学主体是谁，大部分教师对此都有清晰的认识，即教学的主体是学生而不是教师。然而，思想中的认识要落实在课堂教学实际中，却不是一个容易的过程。很多教师缺少对教育观和课程观的准确理解，常常出现主体偏离的情况。问题—发现模式能很好地纠正教学主体失衡的现象，即教师可以通过"点的聚焦"来落实学生课堂教学主体地位。所谓点的聚焦，就是在课堂的目标导向、问题导向和效果导向上都要把学生作为主要考量的对象，让学生处于整个课堂环节的中心。具体讲，就是在教学内容设置上从关注学科本位转向关注人的发展，在教学过程中从重传授到重体验，在教学效果评价上从关注知识到关注人的核心素养发展。问题—发现模式强调问题情境创设在教学中的重要性，把问题情境作为所有教学内容的起点，实际上就遵循了学生的认知规律，体现了以学生为中心的教学要求。在情境创设后，一般情况下，教师会代替学生来提出问题，但该模式主张问题不应由教师提出，而是让学生在情境体验中产生思维矛盾冲突，从而自发产生新的问题。问题不是由教师提出的，而是让学生自己思而问，这一教学变化，基于的教学理念和实际教学效果都是不一样的，学生在课堂中的主体地位就是要在类似这样的每一个"点的聚焦"中得到彰显。

2. 关注"行的支点"——学生的学习过程切实由接受转向内悟

从行为方式上看，学生的学习活动不外乎两种类型：接受学习和发现学习。这两种方式孰优孰劣，在具体教学环境中或许很难得出一个答案。从教学角度看，教学的目的在于使学生能独立学习、独立解决问题。接受学习模式强调外部动机在学习中的作用，在这种模式的教学过程中，教师往往更多地提供矫正性反馈，如此，学生习惯性地依赖于教师的指正，自我矫正机制得不到很好的形成。相反，发现学习模式更多强调认知需求和内部动机在学习中的作用，学生在发现学习的过程中，要经历自我尝试、检索、检验等阶段，自我矫正机制会不断得到激发。从学习角度看，学习的主要目的不是要记住教师和教科书上所讲的内容，而是要学生参与建立该学科知识体系的过程。因此，发现学习更有利于教学和学习目的的达成。科学是一门研究自然现象的课程，通常从自然现象出发，提出问题，然后经历猜想、制订研究方案、进行实验探究的过程，最后获得科学结论。也就是说，科学的学习本身就是一个探究未知世界的过程。可见，问题—发现教学模式不仅契合教学规律，也符合科学课程本质。在创设问题情境的环节，该模式强调以问题作为教学的出发点，并驱动教学展开；在选择科学事实的环节，该模式强调学生对信息的自我提取、自我编码，如让学生根据教师提供的器材自己选择实验所需的器材，并进行自我尝试。在加工处理科学事实的阶段，该模式也是主张学生自己将实验结果与目的要求做比较，自我分析现象，自我总结结论。事实证明，在这样的学习过程中，学生不是被动的、消极的知识接受者，而是主动的、积极的知识探究者。需要提醒的是，发现学习比接受学习更耗时，学习过程中学生或许会因内驱力太强而处于焦虑状态，此时教师何时、按何种步调给予学生矫正性反馈显得非常重要。一方面，教师在学生的探究活动中要给学生深度参与发现事物规律的过程，让学生自己试着做，边做边悟，从而帮助学生形成丰富的想象力，防止过早矫正性反馈；另一方面，教师要参与到学生的学习中，掌握学生学习内部状态，在学习的每一个步骤中都及时给予反馈。

3. 重视"效的回归"——课堂教学目标切实从关注知识转向关注思维

美国教育学家曾提出衡量教育的两种指标：知识回报和感情回报。学生经过学习获得了更多学科知识和技能，这就是知识回报，即学生对所学内容掌握得更多了。所谓的感情回报，是指学生学了一段时间后，对所学的东西更感兴趣了，而不是更厌倦了。从学生的可持续发展角度看，教育的感情回报，永远要优于知识回报。由此带给我们的启示是，课堂教学目标也应该从关注知识转变到关注思维上来。学生的思维习惯和思维品质提升了，必然具备了对未知事物更强的学习力，也必然会对未知世界的探究保持持久的兴趣。问题—发现教学模式正是凸显了思维培养在教学中的地位，具体表现在：在各环节，教师的作用是形成一种学生能够独立探究的情境，而不是提供现成的知识；注重学生的学习过程，强调学生的直觉思维和分析思维同步进行，让学生有充分想象、体验、感悟、分析和总结的时间；注重激励、保护和展现学生的好奇心，在问题提出—选择科学事实—处理科学事实—巩固应用的各个环节，让学生亲历参与，开启积极思维，感悟学习的规律。

应用案例

问题—发现模式在科学教学中的应用
——以"电磁感应"一课的设计与分析为例

教学重点：电磁感应现象。

教学难点：产生感应电流条件，理解"切割"含义。

教学目标：

①知识目标：了解电磁感应现象、感应电流产生条件及影响感应电流方向的因素，并能从能的角度进行解释。

②能力目标：培养实验能力、思维能力、想象能力和一定的创新能力。

③科学方法目标：初步学会运用实验方法、类比方法、分析归纳方法探究一些自然现象。

④科学品质目标：通过实验培养学生实事求是的科学态度和团队协作的精神。

模式应用：问题—发现教学模式。

教学设计过程如下。

一、创设问题情境

教师：各位同学回忆一下，在第三册磁学知识内容中，我们学习了一个有名的实验——奥斯特实验，该实验得出了一个什么样的结论呢？

学生：电流周围存在磁场。

教师：对，这说明电流和磁场有某种必然的联系，至此，你会提出什么问题？

学生：磁场能否产生电流？

教师：今天，我就和同学们一道来研究这个问题。（板书课题：磁场→电流？）

教学分析：问题是一切教学的起点，正如英国科学哲学家波普尔所说："科学与知识的增长永远始于问题，终于问题——愈来愈深化的问题，愈来愈能启发大量新问题的问题。"该阶段的实质是教师通过设置一定的问题情境，创设解决问题的矛盾冲突，使学生明确发现的对象或中心，并产生强烈的求知欲望。

二、选择科学事实

教师：要研究"磁场能否产生电流"这个问题，我们只能通过实验来进行，你认为该实验需要哪些器材呢？请同学们根据实验要求和目的，从你的桌子上进行选择（桌子上有的器材：电流计、蹄形磁体、线圈、电压表、干电池一节、导线若干、滑动变阻器），并说明你选择该器材的依据。

（学生讨论，选择好各自的器材。）

学生：蹄形磁铁——提供实验所需的磁场；线圈——做导体；电流计——测电路中是否有电流。

肯定认同后，教师：根据学过的知识，要产生电流，电路还应是一种什么样的电路？

学生：闭合电路。

教师：对，下面就请同学们把所选择的器材连接成一个闭合电路。

（学生完成电路连接。）

教师：有了磁场和闭合电路，那么磁场究竟能否产生电流呢？下面由同学们自己动手做实验去发现。发现电流产生的，请举手示意。

学生：分组自主实验。（因教师并没有告诉学生怎么去移动导体，此时的学生处于一种摆动仪器的"尝试"状态，有移动导体在磁体周围各个部位、朝各个方向运动的，有移动磁体在导体周围运动的，有发现电流表指针移动而惊呼的，有没有发现电流表指针移动而失落的。教师进行个别指导。）

教师：你能向大家介绍一下你是如何操作而发现电路中的电流的吗？

学生：把导体放在磁场中运动，电路中就有电流。

教师：认同的请举手。

```
板：                导体
                    运动?
                    电流
```

图 4-3　磁生电板书（1）

教师：你能再说明一下导体是如何运动的吗？（幻灯机上显示出几种导体运动的方向，让学生选择。）

```
附：      N           N           N
        o→          o↗          o
        S           S           S
        A           B           C
```

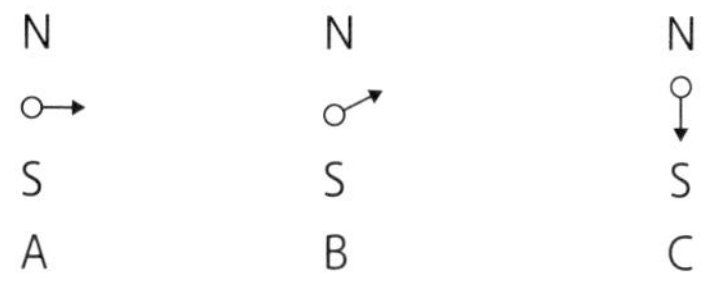

图 4-4　导体在磁场中的运动类型

学生依次选择：A、B。

教师：C 中（导体运动方向和磁感线方向平行时）的导体是否有电流呢？

学生实验后答：没有电流产生。

至此，教师以割麦子类比，提出"切割"概念：我们把 A 与 B 的导体运动称为"切割磁感线运动"，也就是说，导体必须做切割磁感线运动，导体中才会有电流。

教师：有没有同学在实验中发现导体不动，电路中也有电流的呢？

学生：导体不动，移动磁铁（场），只要有相对切割，导体就有电流。

教师：对，可见，"切割"的含义比较丰富，导体垂直切割、斜切割和导体不动、磁场移动的相对切割，都会产生电流。

```
板:                          导体?
    在磁场中做切割磁感线      运动
                             电流
```

图4-5　磁生电板书（2）

教师：同学们，我们的实验中用来切割磁感线的导体，是一个什么样的导体呢？

学生：闭合电路中的导体。

教师：有没有更准确一些的回答呢？

学生：应是闭合电路中的一部分导体。

```
板:     闭合电路中的一部分  导体
      在磁场中做切割磁感线  运动
                          电流?
```

图4-6　磁生电板书（3）

教学分析：学生拥有与解决问题有关的科学事实是问题解决的关键。在这一阶段，学生围绕问题，依靠大脑认知结构中已有的知识，对教师给出的问题背景材料或信息进行筛选、分析和初加工。显然，在分类和加工信息的过程中，学生会产生积极主动的思维活动。

三、加工处理科学事实

教师：此时电流称为感应电流，可见，利用磁场可以产生电流（改板书上的"？"为"！"）

教师：那么同学们通过实验能否归纳一下，产生感应电流需要什么条件？

学生：闭合电路中一部分导体在磁场中做切割磁感线运动时，导体中就会产生电流。

```
板：电磁感应现象：闭合电路中的一部分导体
          在磁场中做切割磁感线运动
          时，导体中就会产生电流。
```

图 4-7 磁生电板书（4）

教师：说得很好，我们今天通过实验得出的这个现象，最早是在 1831 年由英国一个叫法拉第的物理学家发现的，唯一不同的是，他从第一次实验到发现这个现象整整用了 10 年的时间，可见，科学上每跨进一步，都需要顽强的毅力并付出艰辛的劳动，我们的学习又何尝不是如此呢？现在就有一个问题需要同学们动动脑筋。

教师：若电路不闭合，一部分导体在磁场中做切割磁感线运动，无感应电流，导体两端有没有感应电压呢？

（学生讨论。）

教师：以干电池类比引导得出结论——无感应电流，有感应电压。

教学分析：将感性认识上升到理性认知，是学生学习科学最重要的环节，也是教师在教学中最重要的目标之一。这一环节，教师运用归纳、演绎、比较、推理等逻辑思维方法以及转化、类比、建立模型、理想实验等科学方法，启发引导学生对科学事实进行分析，归纳出概念和规律。

教师：同学们在实验中发现电流表指针偏转有何特点？

学生：指针左右摆动。

教师：指针左右摆动说明什么呢？

学生：两次感应电流方向不同。

教师：回答得很好，那么你会有什么新的研究方向？

学生：我想研究感应中的电流方向与哪些因素有关。

学生实验如下：

①磁感线方向不变，只改变导体运动方向，观察实验现象并得出

结论。

学生：两次电流表指针偏转相反，说明感应电流方向与导体运动方向有关。

②导体运动方向不变，只改变磁感线方向，观察实验现象并得出结论。

学生：两次电流表指针偏转相反，说明感应电流方向与磁感线方向有关。

（教师写总结板书。）

图 4-8　磁生电板书（5）

教师：如果我同时改变导体运动方向和磁感线方向，感应电流方向怎样变化呢？

学生：不变。

教师：电磁感应中的电能是如何来的呢？

学生：是从机械能转化来的。

板：能的角度：是机械能转化为电能的过程

图 4-9　磁生电板书（6）

教学分析：学生结合实验现象，再次提出新的研究问题：影响感应电流方向的因素是什么呢？接着，学生进入新的选择科学事实和加工处理科学事实阶段，得出感应电流方向影响因素和电磁感应的实质，使学生对现象认识上升到一个更高的理论层面。

四、巩固应用

（1）如图4-10为电磁感应的装置，要使感应电流产生，有哪些方式？

图4-10　电磁感应装置

（2）我们平常所说的发电机装置是由电磁感应原理制成的，同学们想一想，发电机的构造中应该有哪些部件呢？（或：根据这节课所学的知识，如果不用干电池、蓄电池，要你设计一个能发电的装置，你觉得装置中必须有哪些主要构件？）

教学分析：学习者应用新知识才能促进学习。应用所学的知识解决生活中的实际问题，既是学习的最高境界，也是巩固知识和迁移学习的需要。通过前三个环节，学生对科学概念和原理有了基本了解，此时教师应及时为学生提供相应练习，帮助学生进一步理解和巩固所学知识，实现知识的迁移。

二、五星教学模式在科学教学中的应用

（一）五星教学模式基本要义

五星教学模式，又称"首要教学原理"，是著名教育技术理论家和教育心理学家梅里尔教授近年来倡导的一种新教学理论。梅里尔认为，在教学或学习中存在一种只重视信息呈现、忽视有效教学特征的弊端，而

五星教学模式是有效教学的各种"处方"，实施五星教学模式将有助于提高教学产品的功效。

五星教学模式是指围绕"面向完整任务"即"聚焦解决问题"这一教学宗旨，教学由"激活原有知识""展示论证新知""尝试应用练习"和"融会贯通"四个阶段构成，且这四个阶段是不断重复的，形成循环圈。它包含以下五个环节（阶段）和十五个要素（如图4-11）。具体的教学任务（事实、概念、原理等）应被置于循序渐进的实际问题情境中完成，即先向学习者呈现问题，然后针对各项具体任务展开教学，接着再展示如何将学到的具体知识运用到解决问题或完成整体任务中去。只有达到了这样的要求，才是符合学习者心理发展要求的优质高效的教学。

图4-11　五星教学模式的五个环节和十五个要素

1. 聚焦解决问题

当教学内容在联系现实世界问题的情境中加以呈现，学习者介入解决生活实际问题时，才能够促进学习。主要要素包括以下三点。

（1）交待学习任务。

教学有没有向学习者表明在完成一个单元或一节课后他们将能完成

什么样的任务或将会解决什么样的问题?

（2）安排完整任务。

学习者是否参与到解决问题或完成任务中而不是只停留在简单的操作水平或行为水平上?

（3）形成任务序列。

教学是不是涉及了一系列逐渐深化的相关问题而不是只呈现单一的问题?

2. 激活原有知识

在教学中努力激活先前的相关知识和经验，才能够促进学习。主要要素包括以下三点。

（1）回忆原有经验。

教学有没有指导学习者回忆、联系、描绘或者应用相关的已有知识经验，使之成为学习新知识的基础?

（2）提供新的经验。

教学有没有提供那些作为新知识学习所必需的相关经验?

（3）明晰知识结构。

如果学习者已经知道了这些内容，教学中能否为他们提供展示先前掌握的知识和技能的机会?

3. 展示论证新知

当教学展示论证了要学习什么而不是仅仅陈述要学习的内容时，学生的学习才能够被促进。主要要素包括以下三点。

（1）紧扣目标施教。

展示论证（举例）是不是和将要教学的内容相一致? 包括：①是否展示了所教概念的正例和反例? ②是否展示了某一过程? ③是否对某一

过程做出了生动形象的说明？④是否提供了行为示范？

（2）提供学习指导。

教学中是否采用了下列学习指导，包括：①是否引导学习者关注相关内容信息？②是否在展示时采用多样化的呈现方法？③是否对多种展示的结果或过程进行了明确比较？

（3）善用媒体促进。

所采用的媒体是不是和内容相关并可以增进学习？

4. 尝试应用练习

当学习者有机会尝试应用或练习他们刚刚理解的知识或技能时，才能够促进学习。主要要素包括以下三方面。

（1）紧扣目标操练。

尝试应用（练习）以及相关的测验是否与教学目标（已说明的或隐含的）相一致，包括：①针对记忆信息的练习要求学习者回忆和再认识所学的内容；②针对理解知识之间关系的练习要求学习者找出、说出名称或者描述每一部分的内容；③针对知识类型的练习要求学习者辨别各个类型的新例子；④针对"应怎样做"的知识进行的练习要求学习者实际去完成某一过程；⑤针对"发生什么"的知识进行的练习要求学习者根据给定的条件预测某个过程的结果，或针对未曾预期的结果找出错误的条件。

（2）逐渐放手操练。

教学有没有要求学习者使用新的知识或者技能来解决一系列变式问题？针对已经表现的学习行为，学习者有没有得到教师的反馈？

（3）变式问题操练。

在大部分应用或练习中，学习者是不是能在遇到困难的时候获得帮助和指导？这种帮助和指导是不是随着教学的逐渐深化而不断减少？

5.融会贯通

当教学能促进学习者把新的知识和技能应用（迁移）到日常生活中时，才能促进学生的学习。主要要素包括以下三点。

（1）实际表现业绩。

教学有没有为学习者提供机会以公开展现他们所学的新知识和新技能？

（2）反思完善提高。

教学有没有为学习者提供机会以反思、讨论他们所学的新知识和新技能？

（3）灵活创造运用。

教学有没有为学习者提供机会以创造、发明或探索新的富有个性特点的应用新知识和新技能的途径？

梅里尔还强调了在实施五星教学模式时应该同时考虑指引方向、动机激发、协同合作和多向互动。

指引方向，这是要让学习者知道他们将要到哪里去；让学习者了解学习内容是如何加以组织的；让学习者在学习程序和时空协调上能够进出自如、通达顺畅；让学习者能够有改正错误的机会。在教育技术学习环境下，"指引方向"显然是同"导航设计"密切相关的。

动机激发，就是要创建有针对性的、可达成的和富有吸引力的学习环境，在学习中让学习者承担一定的风险和挑战；让学习者有公开交流和表现所学东西的机会；让他们在一个有真实场景和真实用途的学习环境中学习；鼓励学习者对学习内容做个性化处理，能够适应个人的特点；完成一个完整学习任务而不是零碎片断的学习或行动；不是简单地告知学习者对错与否，而是重在学习所得的内在反馈与激励，不是匆忙地做出结论，最好是适时延迟判断。

协同合作，就是要安排学习者在2—3人的异质小组中分工合作、取长补短，完成共同的任务。

多向互动，就是要解决实际问题或完成整体任务。互动一定要体现出情境—挑战—活动—反馈的程序，也就是说，互动绝不是图热闹，一定要落在学习实效上。

（二）五星教学模式的意义

按五星教学模式流程组织课堂教学，可以突破传统教学模式的弊端，使课堂发生积极变化，师生得到协同发展。具体表现在以下几方面。

第一，可以使学生的问题意识得到明显提升。该模式是以问题为切入点，以思维训练为中心，可以极大地增强学生的问题意识。如在上完"透镜成像"研究课例后，课题组在课后继续和学生讨论有关透镜成像应用的话题时，有学生就问："透镜有放大功能，能否利用凸透镜制作简易的 VR 眼镜？"还有同学问："能否制作一个可变焦的镜头，这样可以随时根据需要改变像的性质？"显然，这些学生重新审视了"透镜成像"规律的应用，并有了大胆的猜测和想象。

第二，可以使学生的思维获得较好发展。五星教学模式尊重学生已有的知识经验，注重运用问题情境创设来激活学生原有的认知结构，促进学生思维的发展和完善。"之前，还是很害怕学习科学的，主要是因为科学课要学的内容多，综合性又强，缺少系统性，感觉学得很累，效果却不好。如今，老师通常会在课堂上针对某个要解决的问题给我们提供充足的背景材料，通过对这些材料的分析，我们能更快更深刻地理解知识，问题解决变得容易多了，学习也变得更轻松了些。"学生的学习变化会让教师进一步坚定实施该模式教学的信心。

第三，可以使课堂教学过程得到优化。五星教学模式在教学目标上关注的是思维的训练和方法的培养，而不是单纯的知识传授；在教学过程中重视的是知识形成的过程，而不是知识的结果。实验证明，在这一模式主导下，课堂必然是出彩的。我们以五星教学模式的原理设计了一些课，在省市优质课评比、教师基本功比武中取得了不俗的成绩，在一些大型的教研活动中也产生了良好的反响。在这一模式的主导下，课堂也必然是高效的，我们连续两年选择了两位教师执教的四个基础相近的班级的中考成绩进行了对比分析，结果表明，采用五星教学模式的实验班课堂教学质量明显提高，如表4-2、表4-3所示。

表4-2　2017年学校科学中考毕业成绩对照表（满分150分）

	对照班（A老师）		实验班（B老师）	
	初三（1）	初三（2）	初三（7）	初三（8）
学生人数（人）	44	45	45	46
平均成绩	115.8	116.7	120.8	121.2
合格率	81.9%	82.3%	88.9%	89.1%
优秀率	22.3%	26.7%	33.3%	32.6%

表4-3　2018年学校科学中考毕业成绩对照表（满分150分）

	对照班（C老师）		实验班（B老师）	
	初三（5）	初三（6）	初三（3）	初三（4）
学生人数（人）	45	44	44	43
平均成绩	117.9	118.2	122.5	122.8
合格率	82.3%	84.1%	90.1%	90.7 %

续 表

	对照班（C老师）		实验班（B老师）	
	初三（5）	初三（6）	初三（3）	初三（4）
优秀率	22.2%	22.7%	34.1%	34.8%

（三）五星教学模式的教学建议

1. 教师要成为学生学习活动的有效组织者

五星教学模式不仅关注教学的过程，同时更关注学习的过程，教师在教学中是学生学习活动的组织者。在梅里尔看来，教师对学生学习的关注既体现在"激活原有知识、展示论证新知、尝试应用练习和融会贯通"等要素组成的表层循环圈上，更体现在由"结构—指导—辅导—反思"所构成的深层循环圈上。从这样一节课上，我们可以发现：教师是学习活动的组织者，为学生的学习提供刺激、条件，引导激励学生参与到学习活动中。在激活阶段，教师通过创设问题情境唤醒学生原有的知识结构，然后利用这一结构来学习新知识。在展示论证阶段，教师以一个学生的身份参与到学习活动中，而不是"游离"在学生之外，成为课堂的"看客"。如教师参与学生实验方案的设计；学生根据探究方案积极进行实验时，教师并没有袖手旁观，而是在各小组走动，指导学生学习活动，帮助学生将新知识与原有的知识结构联系起来。在应用阶段，教师通过习题辅导，帮助学生实现新旧知识的整合、巩固和迁移。在整合阶段，学生不仅对学习过程进行了自我评价，还对如何应用知识解决生活中的问题有了更深入的思考，实现了通过反思来促提升的教学要求。

2. 教师要成为学生学习方式的积极建构者

五星教学模式认为，教师教学应该同时考虑指引方向、动机激发、协同合作和多向互动。即要让学生知道他们将要到哪里去，了解学习内容是如何加以组织的，有改正错误的机会；让学生学习有一定的挑战性，有展现和交流学习过程的机会；互动一定要体现出情境—挑战—活动—反馈的程序，要落在学习的实效上。这也正是课程标准的教学要求：在考虑学生的认知发展水平和已有的知识经验的基础上，教师给出问题任务，并组织学生展开合作探究，最终帮助学生真正理解和掌握基本的科学知识与技能。课程结束后，我们可以深切感受到学生学习方式的变革给课堂带来的可喜变化。教师在建构学生学习方式时紧紧围绕合作、探究、体验、评价主线来进行。从课前的延伸、课堂组织到课后的拓展，教师都将知识结论隐藏：问题由学生去发现、解决，结论由学生去分析、归纳，表现由学生去判断、评价。在合作、评价中去完成一个个探究，在探究中体会成功的喜悦和学习的乐趣。

3. 教师要成为学生核心素养发展的真正促进者

五星教学模式区分了信息与教学的差异，聚焦于实现教学的功能。梅里尔的结论是：互联网当然是交流信息的好地方，但是，信息绝不等于知识；传递信息也不等于教学。这给了我们启示：教学不等同于发展。能真正实现学生发展的教学应该符合以下几个基本要素：教学任务具有挑战性且能激发学生学习兴趣；教学内容与学生生活经验相契合；教学过程能赋予学生足够的学习活动空间；学生的学习有深层次体验。课堂上，教师不用过分地、刻意地去体现科学教学的严谨性，而要一切以学生为本，在"发现问题、分析问题和解决问题"这条主线不变的前提下，从课堂的引入、教学内容的组织到整节课教师评价机制的运用等方面，紧扣兴趣、经验、体验来设计，使学生学习的空间、活动的机会得到充分挖掘，思维得到极大的调动。在这种学习环境下，学生一定会获得满足和发展。

五星教学模式在科学教学中的应用
——以"透镜成像"一课的设计与分析为例

教材分析：凸透镜成像选自七年级第二册科学中的"眼和视觉"中的学生分组实验内容。这个实验充满了趣味性，但要对实验现象做出分析、总结也不是很容易。教师旨在通过活动引导学生去总结。为此，教师设计了四个主题：（1）确信凸透镜能成像。（2）确定每小组研究凸透镜某范围内成像的特点和规律。（3）实验过程中对发现的新问题继续探究。（4）联系生活实际，结合小组实验，分析凸透镜的应用。

学生分析：

（1）学生对实验有天生的兴趣。经过初中一个多学期新课程的学习，学生已有了一定的实验探究能力（包括提出问题、分析问题、归纳总结的能力），教师做必要的引导可让学生从实验中得出较全面的结论。

（2）要充分赏识学生，对学生充满信心，不可低估学生的能力。学生在实验中发现新问题和疑难问题，教师应表扬其敏锐的观察力，使其信心百倍地继续探究，即使最终收获不大，教师也应表扬其的探索精神。

（3）在实验过程中，学生对现象的观察和描述往往比较笼统和片面，因此教师有必要引导学生进行全面细致的观察，掌握正确的观察和描述方法。

设计思想：

本课例以五星教学模式为框架指导，即依据"问题—结构—实施—巩固—迁移"学习循环圈，在聚焦解决问题的宗旨下，教学活动围绕

"激活原有知识、展示论证新知、尝试应用练习、融会贯通"四个阶段进行。同时体现赏识思想、探究思想、"授之以渔"的思想和评价思想。

教学目标：

知识与技能目标：认识凸透镜成像，初步了解凸透镜成像规律；能通过现象观察，提出问题，选择适合自己研究的问题，并学会思考解决问题的办法。

过程与方法目标：学生通过实验活动，学会正确的观察方法，知道探究实验是解决问题的一种重要方法，并能掌握一定的实验探究能力。

情感态度与价值观目标：体验探究的乐趣、合作学习的快乐，形成"实践—理论—实践"的辩证唯物主义观点，认识从量变到质变的规律，培养严谨、细致、实事求是的科学态度。

教学准备：

（1）教学器具：风景照片、照相机、投影仪（片）、小饰品、透镜、光具座、蜡烛、光屏、火柴。

（2）预测学生提出想研究的关于"透镜成像"的问题，从而制订相应的对策和指导方案。

教学过程（课堂实录）如下。

一、聚焦解决问题

（一）创设问题情境，激发兴趣

几张美丽的风景照片与照相机放在讲台的一角，投影仪正投影出森林里小动物们开音乐会的图片，讲台正中央几样小饰品放在凸透镜下边，让学生自由欣赏，随心所欲地观察。（教师课前五分钟进入教室。）

教师：同学们，老师带来的这些东西喜欢吗？你们都看到了什么？

学生：喜欢！我看到了照片中很美丽的风景和许多可爱的动物。

（学生纷纷举手抢答，有的学生很神秘地说看到了讲台上凸透镜下的小饰品被放大了。）

（二）提出中心问题，形成任务

教师：同学们观察得真仔细，这种态度应该表扬！同学们看到的是真正的物体吗？

学生：不是真正的物体。

教师：那它们是什么呢？

学生：是"像"。

教师：像是通过什么形成的呢？

（教师、学生开始讨论，有学生举手。）

学生：是透镜。

教师：非常正确！

学生：而且成的像不一样，有的是放大的，有的是缩小的。

教师：同学们观察得很仔细。确实是这样的，你们想知道为什么吗？

学生：想！

教师：这节课我们通过动手实验，来探究凸透镜成像的特点。

教后反思：五星教学模式认为，当教学内容能在联系现实世界问题的情境中加以呈现，学习者能介入解决生活实际问题时，就能够促进学习。看似随意放在教室里的东西，实质是有内在联系的。让学生在学习之前投入一种想学习的气氛，激发学生实验的欲望和探究的热情，同时将情境转化为问题，从而使学生的学习进入一个具体任务之中，符合学生的认知规律。

二、激活原有知识

（一）回忆原有经验，建立认知联系

教师：在前面的章节中，我们学习了平面镜成像，你们认为要描述一个像的性质，应该从哪几方面进行？

学生1：像的大小。

学生2：像的倒立和正立。

学生3：像的虚实。

教师：很好，如何来确定像的虚实呢？

学生：光屏是否收到。

（二）提供新经验，明晰知识结构

教师：要通过实验探究所成像的特点，第一项活动是仔细观察光屏上是否成像，成了怎样的像。

（教师介绍学生桌面上的实验器材，说明凸透镜f=10厘米，蜡烛、光屏位置的正确放置。学生开始好奇地移动蜡烛、光屏，认真地看光屏上的像，有的甚至发出欢呼。）

教师：同学们，你们看到了怎样的像？

学生1：我看到了一个很大的像。

学生2：我看到过很大的像，也看到了一个很小的像。

学生3：我在光屏上什么也没看到。

学生4：我在努力创造条件，想找一个与烛焰一样大的像，我想我已找到了。

学生5：我在实验时发现，蜡烛移动与光屏移动有某种联系。

学生6：老师我发现了几个问题……

教师：同学们观察得十分仔细。刚才有同学说什么也没看到，这是不是实验现象？

（学生有的进行小声讨论，有的举手。）

学生1：我们也看到过这样的情况。

学生2：我认为这也是真实存在的，是实验现象。

教师：对，实验中观察到的就是实验现象，刚才那位同学有勇气表述自己的观点，很好！

教后反思：五星教学模式指出，学习应该在已有经验被激活的基础上展开，并同时和新知识建立联系。教学中，没有直接告诉学生凸透镜成的像有哪几种，像的性质有哪些，而是让学生在回忆平面镜成像的基础上，让学生自己观察，让学生在实验中自己发现问题，从而激发起学生思考问题、分析问题的欲望，培养学生描述实验现象、发现问题的能力。

三、展示论证新知

（一）自主制定探究方案

教师：同学们通过实验观察到了很多现象，提出了很多问题，如果大家想在一节课内全部探究完，能不能完成？

学生：不能。

教师：那怎么办？

学生：选择一个我们最想研究的。

教师：我同意你们的方案，请各小组确定一个你们最想探究的问题进行实验。

（各实验组学生小声商量着，并用笔记录了探究的问题，教师进行了统计。）

教师：各小组都有了自己探究的问题，接下来的实验活动要求同学们围绕问题，认真讨论如何研究，写出具体的实验方案。

（学生商量、讨论实验方案，填写实验活动记录本，教师参与各小组的讨论，并做了必要的指导。）

教后反思：民主、平等氛围下师生的对话，启发学生进行探讨问题的选择，实质上是让学生确定一个活动方案，在和谐的教学情境中达到目的，体现教学中对话的魅力。适当地点拨、指导，是一种智慧的启迪。

（二）交流完善探究方案

教师：现在来交流一下各小组的活动方案。

学生1：我们组研究的问题是：在怎样的范围内，通过凸透镜在光屏上成缩小的像？像的范围如何？想从蜡烛到凸透镜的距离着手。

学生2：我们组研究的问题是：在怎样的范围内，通过凸透镜在光屏上成放大的像？像的范围如何？也想从蜡烛到凸透镜的距离着手。

教师：想研究像的哪些特征呢？

学生2：例如像的大小，像的正立、倒立，等等。

（各小组交流了自己的实验方案，有的在教师和其他小组同学的帮助下，做了一些改进。）

（三）自主探究

教师：接下来的实验活动更重要。各小组根据制订的方案展开探究，小组成员要相互合作，仔细观察，并做好记录。

（学生根据探究方案积极进行实验，并做了适当的记录，教师在各小组间走动，微笑参与学生的活动。）

（四）汇报交流探究成果

教师：各小组请把你们的成果展示一下。

（有的小组做了书面交流，有的小组走到讲台上展示了实验过程。）

学生1：我们测量出了蜡烛到凸透镜的距离，发现当这个距离大于20厘米时，蜡焰像总是缩小的，而且是倒立的；在实验中我们还发现，当这个距离越大，蜡焰像就越小，但蜡焰像到透镜的距离始终在10厘米到20厘米之间。

教师：好，观察得仔细，得出的结论也十分正确，而且发现了新问题。

学生2：我们组发现蜡烛到凸透镜的距离只在10厘米到20厘米之间变化时，光屏上蜡焰像总是放大、倒立的，但像到透镜的距离却在20厘米以外；与实验组1的结论似乎刚好相反。在实验过程中我们还发现光屏上的蜡焰像总是倒立的，有没有正立的像呢？我们试图通过改变蜡烛到透镜的距离去寻找，但我们还没有找到。

教师：很好，很善于总结。你们想找到的正立的蜡焰像，另一个实验组做了研究，我们来听听他们的结论。

学生3：我们发现当蜡烛到凸透镜的距离小于10厘米时，光屏上找不到蜡焰像，但透过透镜发现了一个"可怕的"放大的正立的"蜡烛"。老师，我们组有几个疑问：这个像与光屏上的像有什么不同？我们在光屏上发现的亮的圆斑是什么？

（教师选择部分实验小组提出的问题在班级中进行讨论，最后由学生进行小结。在交流过程中，学生认真地汇报了探究结果，并提出了许多新问题。）

　　教师：同学们研究得十分认真，有的在实验中还发现了许多有价值的新问题，有些问题我们必须要到课外继续探究，有些问题我们只要随着今后学习的深入或生活经验的丰富就能明白。同学们，下面让我们一起来把各个实验小组的结论归纳一下，如何？（提供表4-4，学生进入下一个活动：归纳实验结论。）

表4-4　凸透镜成像规律

蜡烛到透镜的距离	像到透镜的距离	像的性质	透镜成像的应用

　　教后反思：五星教学模式指出，当教学展示论证了要学习的东西而不是仅仅告知相关的信息时，就能够促进学习。在该阶段，教师所有的教学活动应紧扣目标，此时，教师的作用是提供学习指导，表扬学生的探究活动，启发学生发现新问题、解决新问题，组织学生总结交流，培养学生良好的探究素养。同时，学生通过探究活动体验到了探究的乐趣、合作学习的快乐，有一种成就感。

四、尝试应用练习

　　（1）在研究凸透镜成像的实验中，某同学把蜡烛放在图4-12中的a点，无论怎样移动光屏，在光屏上都得不到烛焰的像，把蜡烛放在b点，移动光屏可在光屏上呈现清晰的放大的像；把蜡烛放在离透镜10厘米的

c点，移动光屏得到和烛焰等大的清晰的像，已知 oa=ab，则：

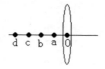

图 4-12　凸透镜成像实验

①此凸透镜的焦距为_____厘米。

②物体在 a 点时，像在透镜的_____侧（填"左"或"右"），是一个_____、_____、_____像。

③物体在 d 点时的像是一个_____、_____、_____像，像的位置在_____范围内。

④实验可知，凸透镜成像时，放大和缩小的分界点在_____位置，实像和虚像的分界点在_____位置。

（2）甲、乙两个同学分别做"研究凸透镜成像的实验"。

①甲同学做实验时，安装光具后，他发现不论怎样移动光屏也见不到像，这是为什么？

②乙同学安装光具后，他只能在光屏边缘看到一个残缺不全的像，这是为什么？

教后反思：五星教学模式认为，要求学习者尝试应用刚刚理解的知识或技能来解决问题时，就能促进学习。教师紧扣目标、变式方法、设计问题，让学生练习，使学生通过解决问题，达到对知识的理解掌握。在这一环节中，教师应放手让学生操练，做好指导、帮助工作。

五、融会贯通

（一）探究延续到生活

教师：想想上课前讲台上放的东西，投影片上的图片与你们的探究活动有联系吗？

学生 1：有联系，我发现照片内的景色就是一个缩小的像。

学生 2：我从课外书上看到眼球也相当于一个凸透镜，眼球外的物体在视网膜上成的也是一个缩小的像。（学生纷纷举手发表自己的看法，并将"透镜成像的应用"的表格进行进一步的补充。）

教师：同学们讲得十分正确，善于将活动与生活实际联系，有的同学课外知识还很丰富。你们能不能在课后用一些生活用品如照相机、投影仪、放大镜等继续做实验，进一步体会透镜成像的规律？（教师布置一个课后活动：给自己的父母分别拍一张 1 寸和 2 寸照片，并记录自己在哪些方面做了处理。）下节课我们再来交流，如何？

学生：好！

（二）反思总结评价

教师：这节课同学们都表现出了很好的动手能力、探究能力，如果我们要对整个活动做一个评价，满分为 5 分，你们觉得自己组可以得多少分呢？

学生 1：我给我们组打 6 分，1 分为附加分，因为我们不仅完成了探究任务，而且又探究了一个实验中发现的新问题。

教师：好，勇于肯定自己组的成绩。

学生 2：我给我们组打了 4 分，虽然我们完成了探究任务，可我们没有解决发现的问题。

（学生纷纷给自己组打分，而且十分诚实。）

教师：能给老师打打分吗？

学生：我打5分，因为我们觉得这节课十分有趣。

学生：我打4分，因为您没有参与我们组的探究。

学生：我打4分，因为您没有让更多的人交流、汇报……

教师：说得对，老师也意识到了，今后一定注意。

教后反思：五星教学模式认为，当学习者受到鼓励将新知识技能融会贯通或迁移到日常生活中去时，就能够促进学习。本次教学将实验探究得到的结论与课前随意摆放的物体相联系，并通过提问启发学生，使学生对凸透镜成像的探究不局限在课堂的光具座上，思维更加开放，使探究延伸到生活实际中，延伸到课外；同时也使学生明白科学的探究不仅仅是为了得到结论，更重要的是为了实际应用，从而使探究有了实际意义，有了实际的生命力！另外，让学生充满激情地回顾整节课的探究实验活动，并对自己的活动做出评价；同时也对教师做出评价。一方面，学生从活动中及时总结，改进不足，获得探究经验；另一方面，教师也从学生的评价中得到启发，从而对自己的教学进行反思，达到进一步改进、完善自己教学的目的。最终使师生在平等、和谐的氛围中各有所得。

第五讲　科学探究

　　《义务教育初中科学课程标准（2011 年版）》指出，科学的本质是探究，科学探究既是学生学习的内容，也是学生主要的学习方式。该版标准不仅明确了科学探究在科学课程中的内容和性质，也对科学教育目标及方式提出了具体要求。学生的学习要从传承知识转向探究知识，从被动接受转向主动获取，学生学习的目的也不再局限于获取科学知识，更重要的还在于发展科学探究能力、掌握科学方法、形成科学态度和价值观。毋庸置疑，无论是科学概念的形成，科学规律的揭示，科学思维的提升还是科学态度与情感的培育，都离不开真实生动的科学探究活动。然而，科学探究的本质是什么，如何在教学实践中开展真实有效的科学探究，是每位科学教师应该思考的问题。

　　科学探究既是学生学习的内容，也是学生主要的学习方式。科学探究的本质是什么，如何在教学实践中真正实现有效的科学探究？下文通过一节课的两种不同建构，借助反思来规避"虚假"的科学探究，从而寻找到科学探究的本真和实施策略。

一、教学对比引思考——什么是真正有效的科学探究

（一）授人以鱼和授人以渔的碰撞

1.授人以鱼的教学设计

教师先是以旧带新，以"在通电螺线管中插入铁芯，螺线管的磁性增强了"这一事实为背景，提出问题：通电螺线管的磁性强弱与哪些因素有关？

学生在前期学习的基础上，结合问题进行了思考，分别做出了"通电螺线管的磁性强弱与电流大小、线圈匝数和是否带铁芯等三个因素有关"的假设。

之后，教师组织学生进行实验设计。在教师的引导下，学生采用控制变量法，提出了以下三个实验设计思路：

（1）带铁芯且线圈匝数保持不变，只改变线圈中电流大小，来研究通电螺线管磁性强弱与电流变化的关系；

（2）带铁芯且使线圈中电流大小不变，只改变线圈匝数，来研究通电螺线管磁性强弱与线圈匝数的关系；

（3）线圈的匝数和电流大小不变，插入铁芯，来研究通电螺线管磁性强弱与铁芯的关系。

至此，教师肯定了学生的设计思路，并直接按照教材出示的方案，通过投影仪呈现出了实验电路图（如图5-1），然后教师再组织学生分组讨论以下三个问题。

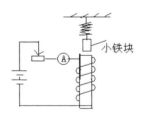

图 5-1　"影响通电螺线管磁性强弱"的实验电路

一是实验中的电流表起什么作用?

二是实验中的滑动变阻器有什么作用?

三是该实验是如何判断电磁铁磁性的强弱的?

接下来，教师演示电磁铁磁性强弱与电流大小和线圈匝数关系的实验。学生在讲台下观察，实验很成功，现象明显，结论也推理得出，最后教师还给出配套习题让学生当堂巩固练习，顺利地完成了本节课的教学。

2. 授人以渔的教学设计

教师创设情境：学生交流互联网上有关磁悬浮列车的资料，在此基础上，进行磁悬浮列车"悬浮"原理模拟演示（如图 5-2），然后提出问题：实际应用时，还会遇到具体的问题，如现在排斥浮起的是小磁体，要浮起大列车怎么办呢? 而且大列车上乘客数量随时在变化，又怎么办? 问题有效驱动了学生主动思考，学生提出了电磁铁磁性强弱的控制问题，引出了课题。

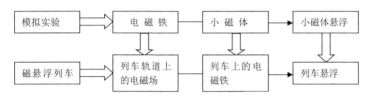

图 5-2　"磁悬浮列车"的模拟演示

那么，电磁铁的磁性强弱可能与什么因素有关? 可能会有什么关系？学生相互讨论、交流，做出了以下五种合理的假设。

学生 A 组：可能与电流大小有关。我们假设通过电磁铁的电流由 1 安增强到 2 安，导线中 2 安的电流相当于两股 1 安电流汇合而成，每股电流都产生一个磁场，因此 2 安电流产生的磁场相当于两个 1 安电流产生的磁场合在一起。我们组做如下推测：通过的电流越大，电磁铁的磁性就越强。

学生 B 组：可能与线圈匝数有关。假设电流不变，线圈由 50 匝增加到 100 匝，与 A 组同学的分析方法一样，100 匝线圈可以看作是由两组 50 匝线圈组合而成的，每组线圈都产生一个磁场，因此两个 50 匝线圈产生的磁场合在一起就是 100 匝线圈产生的磁场。我们组做如下推测：线圈匝数越多，电磁铁磁性越强。

学生 C 组：还可能与线圈横截面面积大小有关。线圈的横截面面积增大，相当于多个电磁铁并列排放，电磁铁磁性将增强。

学生 D 组：与是否带铁芯有关。有铁芯，铁芯磁化后成一块磁铁，其产生的磁场与螺线管的磁场重叠，电磁铁磁性将增强。

学生 E 组：可能与铁芯的大小、形状有关。大铁芯可以看作由多个小铁芯组合而成，每个磁化后的小铁芯都产生一个磁场，多个磁场合在一起，电磁铁磁性就增强了。

之后，在教师的引导下，学生确定了 A、B、D 三组同学的猜测作为研究对象进行实验探究。

如何设计实验方案呢？学生经过讨论，提出了设计实验方案要解决三个核心问题，并给出了相应的解决措施，具体如表 5-1。

表 5-1 "影响通电螺线管磁性强弱"的实验设计要点

关键问题	解决措施
用什么方法可以判断电磁铁磁性的强弱？	A.看它能吸起多少根大头针或小铁钉
	B.看它能吸起多少铁屑（用天平称）
	C.看它对某一铁块的吸引力（铁块挂在弹簧秤下，观察弹簧秤的读数变化）有多大
	D.看它对某一铁块的吸引力（铁块挂在橡皮筋下，观察橡皮筋的长度变化）有多大
怎样改变通过电磁铁线圈的电流？	E.用滑动变阻器改变线圈中的电流
	F.用增减干电池数量（电压大小）来改变线圈的电流
用什么方法判断通过电磁铁线圈的电流大小变化？	G.用电流表测量电流大小
	H.用串联小灯泡的亮度来比较电流大小

然后，教师从学生给出的解决措施中优选出 C、E、G 三种措施组成探究实验的方案，并按要求连接已备好的实验器材，在讲台上演示实验，分别探究通电螺线管磁性强弱与电流大小、线圈匝数和有无铁芯的关系。实验很成功，结论也推断得出。此时下课铃声响起。

（二）教学反思

1. 课堂观察记录

为了便于分析，我们对授人以渔课堂中的教师提问、时间分配和学生学习状态等指标进行了观察记录，结果如表 5-2。

表 5-2 科学课堂教学观察量表

教学环节	教学内容相关问题及问题类型	时间分配	学生状态
引入	1.要浮起大列车怎么办呢？（逻辑性问题） 2.大列车上乘客数量有多有少，又怎么办？（逻辑性问题）	7分40秒	阅读与倾听讨论

续　表

教学环节		教学内容相关问题及问题类型	时间分配	学生状态
活动探究	科学猜想	1.电磁铁的磁性强弱可能与什么因素有关？可能会有什么关系？（探究性问题）	8分25秒	讨论交流
	设计实验	1.用什么方法可以判断电磁铁磁性的强弱？2.怎样改变通过电磁铁线圈的电流？3.用什么方法可以判断通过电磁铁线圈的电流大小变化？（探究性和开放性问题）	15分20秒	分组讨论小组交流
	自主探究归纳结论	1.影响电磁铁磁性强弱的因素有哪些？2.各因素是如何影响电磁铁磁性强弱的？（逻辑性问题）	13分35秒	独立思考合作探究
巩固训练		预设的习题巩固环节没有时间完成		

2.课堂分析

从前后两次课堂实录中，我们可以发现：授人以鱼的课堂采取的是教师引导下的启发式教学，既有实验探究设计，也有习题巩固提升，通过前后测验分析，效果反馈良好，但总感觉课堂缺少灵气和科学味。授人以渔的课堂则采取了问题—发现模式，实践结果不算完美，预设的巩固环节最后由于时间不足而未能完成，之后的测验效果比第一次教学也有所下降，当然这种下降还与班级学生这个变量有关，并不能完全归因于教学方法的不同。尽管如此，我们还是能明显感受到内心对后面那次教学的偏爱和满足，原因在于授人以渔的课堂才是科学高效课堂的本真所在。

二、科学探究的本质特征

（一）真问题是科学探究的主驱动

在科学探究的六个基本步骤中，提出问题是科学探究的第一步，然而作为教师，仅仅知道问题在探究环节上的地位是不够的，因为在认识上并没有真正触及问题在科学探究上的内涵和重要价值。其实，问题是科学探究的触发器，驱动、引领学生的探究行为，也是开展科学探究的目标，即探究需要解释的对象。在具体实施科学探究时，什么样的问题是有价值的问题，谁来提出问题，如何提出问题，这些都是探究者需要厘清的真内涵。在问题价值指向上，真问题，一定是来源于生活的真实问题，因为科学就是研究自然现象的学科；同时，真问题一定是能调动学生思维活动的问题，因为科学探究的实质是发展思维。那么，由谁来提出问题呢？毫无疑问是学生。正如一句教育名言所说："学生提出一个问题，往往比解决一个更重要。"在开展科学探究时，由学生自己根据现象提出问题，能很好地帮助学生训练观察能力和思考能力。在如何提出问题方面，真问题不是"裸露"的，而是需要一定的"包装"，即问题的提出需要创设一定的情境，从而来调动学生的学习兴趣。授人以鱼教学设计中，探究的问题由教师提出，问题来源于前期学过的知识，几个问题都是记忆性问题，学生思维活动有限。授人以渔教学设计中，教师以"磁悬浮列车"为背景，创设了"要浮起大列车怎么办呢？大列车上乘客数量有多有少，又怎么办？"两个惹人探究的问题，学生在思考的基础上，顺势提出了探究课题。精准的真问题，不仅成了让教学展开的"引子"，也成了调动学生思维的孵化器，学生自然成了课堂学习的主体。

（二）深体验是科学探究的主表征

在科学教育中，应给学生提供充分的科学探究机会，让学生通过手脑并用的探究活动，体验科学探究的过程，如此才能使学生更深刻地理解科学知识，更好地掌握科学方法，更好地体会科学思想和精神。在授人以鱼的教学设计中，教师让学生来设计"探究通电螺线管的磁性强弱影响因素"实验方案，看似给了学生体验探究的机会，实际上学生只象征性地阐述了两个实验设计思路，在后期的探究活动中，学生也都是围绕教师给出的实验设计来分析问题的，具体的实验操作方案包括实验电路设计、如何选择仪器等都是由教师提供的，学生真正参与的探究行为很少，体验很浅。反观授人以渔教学设计，我们可以发现，在探究活动中，学生自始至终都没有被老师"牵着鼻子走"，而是以实验者的角色全程参与到了实验猜想、设计和结论分析中，不仅手在动，更关键的是脑也在动，思维在深度的活动中。学生是探究的主人，老师是一个引导者，学生没有了思维的"牵绳"，自我启迪，全然处于一种深度的探究体验中。

（三）高思维是科学探究的主内核

科学教育的核心目标是促进高阶思维能力的发展，而科学探究又是科学教育的重要内容，因此思维是科学探究的灵魂。在科学探究中，要抓住科学的本质特征，充分重视理性思维训练，促进学生的思维生长，让科学核心素养真正在课堂教学中落地。授人以渔教学设计很好地体现了这一特征。在活动探究环节，教师很好地处理了师生角色，适时导与放，让学生自主完成了提出问题、建构猜想和设计实验方案等一系列过程，综合分析和逻辑推理能力得到提升；同时，教师设置的问题认知记忆少，逻辑推理多，且问题具有开放性，学生在回答问题时给出了多种有效的解决方案，也让学生的逻辑性思维和发展性思维得到了一次充分训练。

三、科学探究有效实施策略

（一）以学生为中心 —— 科学探究的主体指向

从教学过程看，授人以鱼式探究教学，学生的主体性地位被削弱，教师成了课堂的主角，虽然，学生也在参与，但这种参与是被动的，是在教师的牵引下完成的。而授人以渔式的探究教学不仅注重教师主导性地位的发挥，更强调学生主体性地位的突出。教师所有的探究教学设计都是围绕学生来进行的，学生的参与不是被动的，而是主动的、积极的、发展的。这两种探究教学设计，都是以"问题"为起点，一步一步展开教学。不同的是，两种教学设计的问题，由于师生教学主体处理的不同，科学探究的效果也就完全不同。第一种教学方式设计的问题大都是表层的、显性的、收敛性的、非创造性的，学生根据已有的知识能很快回答，但大脑思维跳跃不够，多是应激性的；第二种教学方式中，问题的设计却是隐性的、发散性的、创造性的，学生需要积极开动脑筋，将原有的知识做加工、整合后才能给予回答，尽管一些答案可能不严密，甚至是错误的，但极大地触动了学生思维，也发展了学生的思维。

（二）以体验为途径 —— 科学探究的路径取向

科学探究是学生理解科学知识的重要方式之一。对学生亲身经历的事物中产生的一些实际问题进行探究，是科学教学所要采取的重要方法。亲身经历以科学探究为主的学习活动是学生学习科学的主要途径。这就要求教师在组织学生进行科学探究时，要紧紧把"经历"即"体验"作为学生是否真正进行探究的衡量标准。没有经历，学生的探究就成了雾里看花；没有体验，学生的思维发展就成了无本之源。学生只有将经历探究和理解探究结合在一起，直接体验探究，才能深刻理解其特征。那么，如何让学生在科学探究中有深刻体验呢？首先要赋权，教师要充分信任和相信学生自主探究的能力，在组织科学探究时大胆放手，给学生自主探究的时间和空间。其次要积极指导，帮助学生找到体验的"脚手架"，让体验成为驱动思维的发射器。比如让学生在科学探究前先设计实验单，明确探究的问题、实验设计的思路、实验的分工和实验注意的事项等。在组织探究教学时教师要防范如授人以鱼设计方案中的"虚假体验"现象，学生看似经历了整个科学探究环节，也动手动嘴了，但其实探究行为有形无核，如蜻蜓点水，思维发展方面没有什么触动。那么，如何判断学生在科学探究中是否真正经历了体验呢？比如，在提出问题环节，学生是否经历观察和思考？在猜想环节，学生是随意"瞎猜"还是能给出科学依据？在实验环节，学生是否既动手动嘴又动脑？在得出结论环节，学生是否经历表达过程？等等。

（三）以思维为落脚点——科学探究的目标取向

在科学教育领域，科学探究的目的是通过探究活动训练学生思维。从教学过程来看，科学探究是由师生行为、思维和情感活动交互构成的循环过程。从教学目标来看，科学探究旨在通过探究活动帮助学生理解科学探究，发展科学探究能力。而科学思维是实现科学探究目标的关键。可见，科学探究是以科学思维为核心的。然而，在我们的实际教学中，科学探究仍然习惯性地聚焦操作技能训练，思维能力培养的不足导致学生无法真正理解科学探究的本质，无法灵活解决现实情境中的真实问题。为此，在科学探究教学中我们必须建立以思维培养为核心的科学探究目标取向，让学生主动参与到建构科学假设、完成数据分析和表达交流等系列逻辑相连的探究实践活动中来，实现激活学生思维和情感活动的目的。

四、科学探究的各环节要义

在科学教育中，科学探究环节主要包括提出问题、做出假设、制订调查计划 、收集证据、得出结论、交流评价、应用迁移等过程。一次好的探究活动，这些过程不是一套死板的步骤和线性方法，而是一种以科学的思维方式连接起来的探究活动，且整个活动的主体不是教师而是学生。下面，结合案例，对科学探究的各环节要义进行分析。

（一）提出问题

提出问题是科学探究的第一步。案例中，教师并没有平铺直叙代替学生提出问题，而是创设了一个实验情境，引发学生观察和思考，学生在强烈的求知欲中自然地提出了所要探究的问题，突出了学生在学习中的主体地位。在情境中，学生通过观察和思考提出问题，是这一步的要义。

（二）做出假设

做出假设是科学探究的第二步。在这个环节，学生的猜想很容易简单化、随意化，其中一个直接表现是只有猜想结论，而没有猜想依据。科学假设不是盲目猜想，缺少源于经验或认知背景的依据，猜想就成了空中楼阁，学生的科学思维也得不到真正的训练。因此，猜想既有结论又有依据，是这一步的重要特征。

（三）设计实验方案

设计实验方案是科学探究的第三步。在这一步，教师很容易陷入

"虚假探究"或"探究泛化"的误区：所谓虚假探究，就是教师不相信学生自己能设计出完善的实验方案而直接给出探究方案，然后再组织学生来讨论分析为什么选择这样的方案，这显然违背了科学探究的本意；所谓探究泛化，则是指教师将设计实验方案的过程完全放手给了学生，学生由于缺乏必要的材料支持或教师指导，实验方案设计大都是有形无质。可见，在教师的指导下，学生自主设计实验方案，是这一步的重要标志。

（四）获取事实与证据

获取事实与证据是科学探究的第四步。在科学探究中，学生对探究过程和实验现象会表现出很大的兴趣，对记录和整理实验现象及数据却表现麻木，最后由于数据或现象不完整导致无法得出正确结论。通过表格或图像，完整记录现象或数据，是这一步的基本要义。

（五）得出结论

得出结论是科学探究的第五步。在这一步中，学生容易出现表达不严密的现象，通常的表现是因变量和自变量之间的逻辑关系颠倒混淆或者是缺少变量控制的描述。因此，由学生自己表达叙述结论，是这一步的特征表现。

（六）交流与合作

交流与合作是科学探究的第六步。在实际探究教学中，教师对这一环节往往重视不够，花的笔墨不多。其实，这一步在发展学生科学思维、培养学生科学态度方面同样有重要作用。学生相互尊重，交流、倾听、评价顺畅，是这一步的要义。

（七）迁移应用

迁移应用是科学探究的延伸，解释假设是科学探究的直接目的，但科学探究的最终目的是解决生活中的实际问题。因此，在完成科学探究的整个环节后，还应该将教学指向生活实践，也就是应用科学探究的知识来解决实际问题。如此，科学探究教学才能真正实现其价值。

应用案例

"研究影响感应电流大小的因素"教学设计

一、教学案例

（一）教材分析

奥斯特实验说明了电能生磁，而法拉第的发现则说明了磁能生电，从而进一步揭示了电和磁之间的关系，使电能的大规模利用成为可能。因此，电磁感应具有划时代的意义。故"研究影响感应电流大小的因素"一节内容，既是电磁知识体系的自然延伸，也是整章内容的重点之一。

1. 教学重点

体验科学探究的过程、方法。

2. 教学难点

实验方案中变量的猜想和控制设计。

3. 教学目标

（1）经过磁生电的条件的分析，能猜测影响感应电流大小的因素。

（2）知道在影响因素较多时，要用控制变量法进行实验方案的设计。

（3）能根据控制变量法的实验思想设计具体的实施方案。

（4）能从实验结果定性得出影响感应电流大小的因素及相互关系。

（二）学情分析

教学要求学生体验科学探究的过程、方法，引导学生观察、分析、归纳出影响感应电流的因素。有关磁生电的知识，学生相关的生活经验积累不多，而对于感应电流大小的变化则知道得更少，这给探究任务的驱动带来困难。而发电机对学生来讲既陌生又神秘，利用学生对神秘事物的好奇心，通过手摇发电机，创设情境，展开探究。

1. 知识准备

在前面的学习中学生已经知道了磁场对电流的作用和电动机转速的影响因素、电磁感应现象和产生条件及实质等，为本节课的猜想和方案设计做好了知识上的准备。

2. 方法准备

本节课用到的主要方法——控制变量法、对比实验法，在本章第三节和前面几章的学习中已经练习过，初步的数据分析处理也在以往的探究中应用过。因此，方法上的准备也已经具备。

3. 技能准备

本节课用到的简单电路的连接和灵敏电流表的使用，学生在前面的学习中已经掌握，电磁感应现象在前面演示实验中也看到过，所以技能上的准备也已经具备。

（三）教学方法

实验探究。

（四）课堂实录

1. 创设情境，提出问题

（1）信息交流：学生交流互联网上有关三峡水电站的资料。

（2）实验演示：出示一台手摇发电机，演示发电过程。

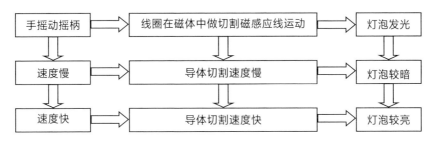

图 5-3 手摇发电机工作过程

教师：从刚才的实验中，同学们发现什么现象？有什么新的思考？

学生（讨论后）：我发现手摇发电机中灯泡的亮度可以通过改变手摇动摇柄的速度来调节，由此我想到实际生活中为了需要，也可以通过某种方法来改变发电机产生的电流大小。

教师：要实现这个目标，我们还需要研究什么问题呢？

（教师启发、引导，学生讨论、交流、分析，提炼出一个今天研究的中心问题。）

板书课题：研究影响感应电流大小的因素。

2. 活动探究

（1）师生一起探究。

①做出假设。

教师：请同学们猜想感应电流大小可能与什么因素有关？可能会有什么关系？

（学生相互讨论、交流。）

学生 A 组：可能与导体切割的速度大小有关。根据电磁感应实质是机械能转化为电能这一事实，我组做如下推测：导体切割的速度越快，产生的感应电流越大。

学生 B 组：可能与切割导体的条数有关。假设导体切割的速度不变，切割导体由 1 根增加到 2 根，每根导体切割磁感应线产生一个电流，2 根导体切割磁感应体产生的电流相当两个 1 根导体切割磁感应线产生的电流。我组做如下推测：切割导体的条数越多，产生的感应电流越大。

学生 C 组：还可能与切割导线的有效长度有关。导线在运动时，导线的某些部分可能超出了磁场的区域，并没有做切割磁感应线运动，这部分长度属于无效长度。我组做如下推测：切割导线的有效长度越长，产生的感应电流越大。

学生 D 组：可能与导线切割的角度有关。导线斜切割时，垂直切割的效果越小，产生的感应电流越小。

学生 E 组：可能与导线的横截面面积有关。导线的横截面面积越大，相当于多根导体并列排放做切割磁感应线运动，产生的感应电流越大。

学生 F 组：可能与磁场的强弱有关。磁场越强，相当于相同面积中磁感线条数越多，相同时间内导体切割磁感线条数也越多，产生的感应电流越大。

教师（微笑，一一肯定后）：以上同学提出的问题都值得我们研究，今天先研究 A、B、D、F 四组同学提出的问题。

②设计方案。

教师：有什么方法可以检验我们提出的假设呢？

学生（齐）：做实验。

教师：根据科学研究方法，产生的感应电流大小可能与多个量有关时，应怎样去研究？

学生（齐）：控制变量。

教师：在实验中，如何来进行变量的控制？

学生：让其他因素不变，只改变导体切割的速度，研究感应电流大小的变化情况。

教师：回答得很好！如何设计实验电路图呢？这里需要解决一个问题。请同学们思考：用什么方法可以判断感应电流的大小？

学生甲：将一个小灯泡串联进电路，看灯泡亮暗程度。

学生乙：将一只电流表接入电路，看指针偏转的幅度（读数）。

学生丙：将一只灵敏电流计接入电路，看指针偏转的幅度（读数）。

（教师从学生组中优选出学生丙提出的方法来组成实验探究的方案。）

③进行实验和收集证据。

按照优选的方案，学生小组进行实验操作：把导线、导体、灵敏电流计连接成闭合电路。将导体以不同的速度切割磁感线，测出产生的感应电流大小。把数据填入表5-3。

表5-3　感应电流大小与导体运动快慢的关系

导体移动的速度快慢	慢速	中速	快速
灵敏电流计的读数			

④分析与结论。

教师：根据以上探究结果，结合数据分析，你能得出什么结论？

学生丁（表达）：导体切割的速度越快，产生的感应电流越大。

学生戊（表达）：我觉得丁同学表达不够科学，应表述成：在其他条件相同时，导体切割的速度越快，产生的感应电流越大。

（2）学生分组探究。

各小组自由选择其他因素中的一种进行探究，小组内先讨论、设计好方案，然后分工合作进行实验，共同分析探究结果。教师须提供充分的实验材料，让学生自己设计实验进行探究。

（3）交流与合作。

各个小组把实验过程和结果写成实验报告，并分别在班上报告本组的实验结果，进行讨论和交流，并对各小组实验方案进行评价。

3. 做出解释

各个小组通过实验、讨论、交流，可以证实：导体切割的速度越快，产生的感应电流越大；切割导线的条数越多，产生的感应电流越大；导体垂直切割产生的感应电流比斜切割时产生的感应电流要大；磁场越强，产生的感应电流越大。

4. 迁移应用

教师：要使大型发电机在实际发电时产生较大电流，你会怎样来设计？

学生小组讨论：可以通过导体用矩形线圈（切割导体的条数多），磁体用电磁铁（可以得到较大磁场），加快动力结构部分转速（导体切割速度快）等方法来获得较大的电流。

二、教学启示

结合上述教学案例，要有效组织科学探究活动，应把握好以下三点。

1. 探究课应把握好教学的"中心点"

在平时的教学实践过程中，我们总有这样一种体会：一堂精心设计的课，没有引起学生的兴趣；一次不经意的活动，却挑起了学生极大的学习热情。这看似不正常的情况中，却隐藏着两种不同的教学理念，即：谁才是课堂学习的真正主人，是课堂教学的主体和中心？我们通常会说，学生是主体，但在实际教学中，学生的主体性地位被削弱，教师成了课堂的主角，虽然，学生也在参与活动，但这种参与是被动的，是在教师的牵引下完成的。我们应该明确的是：学生的这个主体地位不是教师赐予的，而是教师应该加以尊重的，教师应该发挥的是主导作用，而且这个主导作用的发挥必须围绕着学生这个主体。本节课中，教师在教学时尽可能为学生提供活动时间，注重学生的猜想和自主探究，自主设计实验方案，讨论分析各种可能因素的控制等，体现了教学中教师主导地位和学生主体地位的完美结合。

2. 探究课应把握好教学的起点

一切科学探究都是因问题而生的；学生的思维发展，也是在思考问题的过程中，在从"未知"到"有所知"，再从"有所知"到"知"的过程中不断获得的。越是对问题百思不得其解，学生的思维活动越是积极，一旦问题被解决，学生的思维也就得到了一种令人惊喜的发展。本节课中，教师所有的教学设计都以问题为起点，一步一步展开教学，而且问题的设计都是隐性的、发散性的、有创造性的，学生需要积极开动脑筋，将原有的知识进行加工、整合才能给出回答，尽管一些答案可能不严密，甚至是错误的，却有力地发展了学生的思维。

3. 探究课应把握好教学的落脚点

传统的教学将教学目标落脚点放在"知识与技能"上，认为教学的根本是教师教授知识、学生接受知识，而削弱过程、能力与方法在教学中的地位。因此，在选择教学方法时，考虑的是怎样尽可能多地传给学生知识、学生尽可能多地得到知识；落实在教学过程中，则是依纲务本，层层落实教学要求，教学所有环节，都是围绕"知识"一步一步展开。这种教学结果，学生对知识的掌握可能会更扎实，应试成绩也可能会更好，但主动学习和获取知识的能力及方法却没有得到应有的训练和发展。

而"教育中的科学探究"活动不是让学生生成和验证对人类而言崭新的科学知识，而是理解科学知识及其产生的过程，学习过程性科学技能，培养科学思维和科学理解，形成合理的科学本质和价值观。本节课，教师在教学目标的设计上更强调方法与能力，在教学中更注重学生对学习过程的体验，认为教给学生方法比教给学生知识更重要。因此，在选择教学方法时，其着眼点是：教会学生如何学。从本节课的教学过程来看，教师改变了以知识为中心的策略，将课堂的大部分时间用在了学生对问题的发现、讨论和对问题解决方法的探究上，学生的探究能力得到了最大限度的发展，学生对学习过程的体验得到了最大限度的满足。

本节课，让我们再一次深切感受到了科学探究的教学真谛：以学生为中心，以问题为起点，以能力和方法为落脚点，实现学生的核心素养发展。

第六讲　科学实验

　　实验是初中科学教学的重要内容，也是学生学习科学的重要途径。在初中科学教材中，实验活动通常是和科学探究活动融合在一起的，有关要求在《义务教育初中科学课程标准（2011年版）》中有明确说明。课程性质部分指出，"科学是以多样统一的自然界为研究对象的探究活动"，而"科学探究是创造性思维活动、实验活动和逻辑推理交互作用的过程"。教科书编写特点部分指出，科学实验是科学研究的基础，是实现科学实证的基本途径。实践中，科学教师在观念上都认同实验在教学中的地位和作用，在行动上也在积极开展实验教学，但存在的一个突出问题是实验教学质量并不高，典型的表现是学生会做实验不会分析现象，会分析现象不会概括本质，能得出结论不会解决问题，能解决问题不会迁移应用，即在科学能力、科学思维、科学方法等方面没有得到很好的训练和提升。科学课程对实验教学的要求为何难以落实？实验教学又如何走出困境趋向优质？本章就实验教学核心问题做一探讨。

科学的根基在于实验，实验是科学学科教学的重要内容，是不可或缺的重要教学手段。然而，在当前学校里，实验教学陷入了尴尬处境：会动笔做电学试题，却不会动手接通电路；能熟练背出各动物的特征，面对鱼却不知如何下手解剖；能说出动植物的细胞特点，却不清楚洋葱表皮的颜色……这样的学生不是少数；平时不做实验，在黑板上"画"实验，多媒体上"放"实验，评比课上"秀"实验，临考突击"练"实验，这样的教师在课堂上也不鲜见。如何破局？这值得每个科学教师关注。

一、实验教学新现状

（一）实验室俨然成"多功能室"

目前，由于在中考招生中，实验没有单独作为一项考核内容列入学生升学考范围内，学校领导和老师对它的重视程度有所下降；中考科学试题中虽有实验考查的题项，但考查实验的方式还很有限，而且学业考试引入实验题大多不能考查学生技能方面的内容，更难以考查学生的科学素养，因而应付考试的"实验教学"大量存在。如为了应付书面考试，教师进行程式化的"黑板实验"，即在配套实验册的引导下，教师们讲实验，对实验目的、原理、器材配置、实验步骤、数据记录、误差分析一一讲个透；有些稍勤快的教师则把实验拍成录像，配以相应的练习，学生边看录像边做练习；条件好的学校更是用多媒体演示实验，让学生感受实验，看实验的过程。通过以上方式，学生理解、记住实验原理和解决实验题目显然不存在大问题。因此，在科学教学中，不少教师已经不再按教材要求组织学生实验，实验室已经失去了原有的功能，成了学校体检、社团活动等一些集体活动的临时场地。

（二）实验教学成为"点缀"

科学教材里要求的人人必做的学生实验和课课必做的演示实验本应不折不扣落实，然而目前许多学校并没有按规定频率完成，实验课不开足、不开齐。一些教师以课时不足、条件不具备等理由随意砍掉课标规定的实验课，然后把时间用来加强实验纸面练习，结果连基本演示实验都无法完成。黑板实验、纸上实验、口头实验等成为课堂教学常态。一些教师认为，实验与讲述相比，要花费更多的时间和精力，何况有些实验不一定能成功，还不如讲解来得更简洁清晰，所以教师更愿意"讲"实验，而非"做"实验。这种"讲授加习题"的教学方法，最终使得科学课像文科类课程一样，需要背诵大量的概念和知识。有意思的是，实验在平日的课堂里受冷落，却在公开课、优质课上深得"宠爱"：一些教师平日里怕做实验、少做实验，但为了轰轰烈烈地开好一节公开课或上好一节优质课，一定会特别注重教材里的实验，有的还会刻意设计几个"漂亮"的实验。实验本是科学课不可或缺的教学组织方式和手段，却渐渐从我们周围的科学课堂中淡出身影，我们仅在一些展示课、评比课中得以惊鸿一瞥。而在这样的课中，实验似乎变得"高贵"起来。

（三）演示实验被课件替代

在课堂上，演示实验的确也有其天生的缺陷或者说限制条件。例如演示平台不够高，造成部分学生无法观察到实验现象，个别学生为了能更清楚地了解实验效果而站立观看，有些学生则乘机进行个人活动，这样不仅影响课堂的纪律，也影响了实验的总体效果；由于实验室的部分实验器材老化或损坏，部分演示实验无法正常进行或者即使做了效果也不太明显；某些实验本身的可操作性就不强，如"观察水的沸腾现象""光合作用需要叶绿素"等实验，虽然可以通过一定的方法加快实验现象产生，但出现明显实验现象仍需要等候较长时间，势必影响整节课的教学计划完成；还有一些实验操作比较烦琐，实验的效果也不是很明显，远远不及多媒体演示的那样清楚明了。此外，很多实验的成功与否还和环境密切相关。比如静电实验，对环境的要求就相当苛刻。随着信息技术的广泛应用，科学教学与多媒体技术的整合为科学教学提供了新的手段。一些实验，利用多媒体技术，可以使实验内容的呈现更加直观和形象。多媒体技术在实验整合方面的这种优越性，使得教师更加热衷于课件实验。不少教师用多媒体演示代替学生真实体验，平时不做实验，上课放一放视频，不仅效率高，考试效果也好。

（四）探究实验"想说爱你不容易"

科学的新教材十分重视以实验探究的形式来改变科学课堂上教与学的关系，设置了大量的探究和活动项目，目的是从实验呈现的角度，为科学教师的教学方式提供一种探究的范例，应该说是对教学方式的一种启示。但是在调查和访谈中，可以明显地发现，不少教师对探究实验熟视无睹，不是停留在"讲实验""念实验"的方式上，就是将探究实验演化成了验证性实验。如此，学生仅从教材呈现的实验材料上，通过阅读的方式，部分"领略"了探究实验的魅力，"享受"了部分科学探究的乐趣，这不能不说是一种舍本逐末的做法。

（五）学生实验参与依然是"蜻蜓点水"

那么，教师在课堂教学中做了演示实验，学生参与的深度和广度如何呢？笔者也曾对此做过一次调查。关于"实验对学习的意义"一项，90.1% 的学生认为对自己有帮助；而关于"参与实验的机会"一项，20.8% 的学生经常参与教师演示实验，13.5% 的学生希望参与但是没有被老师叫到，另外 65.7% 的学生认为参与教师演示实验是偶尔的事情，可见学生参与教师演示实验的广度不够，参与了教师演示实验的学生也无非扮演了一个实验结果证明者的角色，比如教师在课堂上叫一个学生上来观察实验中是否放热、气体的颜色和气味等，而实际上学生并没有真正地参与到教师的演示实验中，可见学生参与教师演示实验的深度不够。

二、原因分析

（一）招生制度和评价体系的支持力度不够

按理说，新课程对实验的地位更强调，对实验的要求也更高。但不知道何原因，教育行政部门在评价改革上对实验的重视程度却在下降。新课程前，实验被列入学生升学考试的要求中，由教研部门组织对各校学生进行实验素养和技能操作的测试考查，考查结果作为高一级学校录取的依据；新课程实施后一段时间，中考实验由原先的外校老师组织考查改为本校老师组织考查。毋庸置疑，中考目前仍然具有对学校教育教学的重要影响，没有中考的硬性要求，教师开不开实验课、做不做实验显得很自由，再加上通过其他手段也能达到应付考试的目的，教师还有做实验的动力和热情吗？从这个意义上说，实验教学最大的问题出在考教分离上，考试没有真正起到推动实验教学的目的。

（二）学校配套支持不到位

在科学教学中，常会遇到这样的情况：想要组织学生实验，可一走进实验室，发现不是药品缺，就是器材不够；想在课堂上通过实验呈现某个现象，但发现拿来的器材不能用，或者太陈旧导致实验现象不明显……实验仪器、耗材不完全配套到位，实验装备和教材脱节，已成为一件令许多重视实验、想为学生多做实验的教师头痛的事情。经费问题也给实验配套造成一定困扰，有的学校宁愿将大把的钱砸在漂亮的瓷砖、精美的绿化上，也不愿意花在实验室的建设上。另外，实验员队伍建设亟待加强，目前大多数学校实验员还是由学科教师兼职，专职实验员少之又少。事实上，实验员的职责举足轻重，保管、维护、准备实验仪器，配制实验药品，辅助教师开展实验教学等，工作量着实不少，专职人员不可或缺。

（三）教师骨子里不重视

在调查和访谈中，可以深切地感受到，通过近几年的课改，科学教师的教学理念发生了较大的转变，对科学实验教学的重要性有较为深刻的认识，但这些理念还没有转化为实际的教学行动，对以实验为基础的科学教学观和实验在新课程中的地位并没有真正地理解。不少教师认为做实验需要花费大量时间，一个星期只有四个课时，一个学期只有十七八个教学周，总课时有限，还要扣除考试课、练习课、试卷分析课等，教学任务一紧张就减少做实验，这说明教师缺乏实践新课程的自觉性。另外，教师自身实验素养、动手能力欠佳也是导致实验教学不足的重要原因。现阶段的初中科学教师大部分由原来的物理、化学、生物专业毕业的教师所担任，一部分是刚分配的非科学专业的新教师，由于教师对非本专业知识还存在着一定的认识不足，特别是在实验操作技能的掌握方面明显不足，所以他们在操作一些演示实验时没有很顺利，有一种心有余而力不足的感觉，担心出错，怕讲解不清楚。再者，实验教学对教师课堂的控制能力也有较高的要求，不少教师都有这样的体会：在开展学生实验时，由于缺少有效的手段，课堂纪律较差，教室内乱哄哄的，实验课多了，学生这种散漫的氛围甚至蔓延到非实验课上。如此种种，让教师对实验教学爱恨交加。

三、实验教学改进思路

（一）核心——深入理解课标中"以实验为基础"的新含义

科学新教材指出：科学实验是科学研究的基础，是实现科学实证的基本途径。由此可见，以实验为基础，既是科学学科的特征，也是科学教材编写和教学的重要原则。新教材依据科学新课标教学目标和实验内容体系，选择了丰富多彩的"活动"和"探究"内容，充分体现了以实验为基础的课程思想。从调查中可以发现，新教材的实验内容及呈现形式，得到了广大师生的赞同，但也有部分教师和学生没有感受到实验编写的新特点，这在一定程度上影响了实验教学功能的发挥。因此，作为一名一线科学教师，必须站在课程的高度，来认识科学实验内容的地位和作用，这对落实实验教学会起到至关重要的作用。具体说，科学教师对"以实验为基础"的新含义应具备以下三种认识。

1. 科学选择的实验内容是科学课程目标的具体要求

新课标从构成科学素养的三个维度来规定科学实验，这使得科学实验的独特优势更充分，因而科学实验内容是实现课程目标不可缺少的组成部分。在实验形式上，不仅有课堂实验，也有课外实验，淡化了演示实验和学生实验的界限，为教师实施实验探究留下灵活空间；实验内容贴近生活和社会实际，启发学生从实验过程去学习科学知识，通过实验认识生活中的实际问题，充分体现了STS（科学、技术和社会有机结合）教育思想。

2. 科学实验内容是科学教与学的重要载体

新的科学实验内容体系体现了科学课程的新理念，新教材在实验内容的选择和呈现上，也实现了由"教材"向"学材"的过渡，因此，教师可以通过对教材实验内容的设计，进一步领会新的实验教学理念，确定实验教学的方式方法，学生不但可以将其作为参照去设计和实施实验，还可以从中领悟实验的科学过程与方法。

3. 科学实验是实现教与学方式转变的重要途径

科学实验是科学探究的构成要素之一。新课标列出了科学探究的五个要素，其中"进行实验"这一要素，是科学探究的其他要素得以实施的重要载体；另外，科学实验也是进行科学探究的主要方式。对新教材的"活动"内容的呈现和设计，应尽可能以实验探究的形式展现，这必然会对师生教与学方式的转变产生直接的影响。

（二）关键——切实落实以实验探究为主的学习新方式

实验探究是科学探究的一种具体表现形式。大力开展实验探究，是科学实验教学中体现和落实科学探究教学思想的重要方面。实验探究不仅仅是科学教学的新目标、学生学习的新方式，同时也是教师科学教学的新方式。我们应该努力认识科学探究，理解科学探究，善于发掘新教材科学实验呈现的意图，创造条件实施实验探究教学，从传统的以注入式为主的科学实验教与学的方式，向以探究为主的科学实验教与学方式转变。具体可以从以下几方面进行。

1. 将部分演示实验改为学生动手、教师指导的师生共同实验

在教学实践中，教师可以将一些教师演示实验改为师生共同实验。例如观察晶体的熔化和凝固过程；观察水的沸腾现象，测量沸腾过程中水的温度；研究滑动摩擦力与哪些因素有关系；研究物重与质量的关系；

观察花的结构；研究光反射规律；研究平面镜成像的特点；等等。实践表明，把单纯的演示实验改为师生共同实验，可以让学生自己建构认知结构，使学生获取知识的记忆更加深刻。

2. 将验证性实验改为探索性实验

教学观念中的重结论、轻过程现象，使得教材中仅有的几个学生实验也是验证性实验或仅仅是操练性实验。这种已知了结论的实验有操练性之嫌，极大地削弱了学生的求知欲。如：研究凸透镜成像实验，教材将它编排在教师演示之后，又有配套的实验册，学生只是稀里糊涂地按照实验册上的步骤按部就班地进行，至于为什么要让蜡烛与透镜间距离分别在 $u > f$、$f < u < 2f$、$u < f$ 三个区间进行等并不了解，实验印象自然不深刻，几个区间和成像性质的关系也经常颠倒。相反，若我们将之改为学生探索性实验，在教师逐渐深入的问题的引导下，学生主动摸索，最后总结出成像规律，学生的学习效果必然有很大的改善。

3. 培养小实验员，让学生参与实验的管理

在专职实验教师还不能到位的情况下，任课教师凭一人之力组织数十名学生进入实验室开展学生实验，在课堂管控、学生实验指导等方面一定是心有余而力不足的，如此势必影响实验教学的效果和开展实验教学的积极性。为此，科学教师应主动借力，积极调动学生力量，让学生参与到实验管理中来。其中一个有效的做法是培养班级小实验员。笔者所在的学科组在这方面就进行了一些有益的尝试，也取得了较好的效果。具体做法是：在七年级新生入学一个月以后，各班根据科学成绩及综合素质选拔出四名小实验员进行培训。前期培训的主要内容是实验室工作的一些基本常识：如小实验员的工作职责、工作方法、实验工作要求。随着实验教学研究的深入，再进行专题培训：如仪器药品的名称、性能、

操作使用的注意事项、实验室工作的安全事项。小实验员参与实验的主要方式有：在实验中，协助老师对其他学生进行一些简单的辅导；指导其他学生开展课外小实验；管理班级实验角；负责反馈本班同学的实验要求、意见和建议。

实践证明，培养小实验员，不仅可以使小实验员本人对科学学科产生浓厚的兴趣，提高实验技能，而且还可以让他们成为教师实验课的好帮手，带动班级学生整体实验技能的提高。

4. 设立"开放实验室"，延伸学生实验的时空

大多数学生喜欢做实验，一进实验室就兴奋不已。教师应尊重学生的心理需求，充分发挥和利用好实验室的功能。学校可以设立"开放实验室"，并采用平时开放和集中开放两种形式定期向学生开放。平时开放的实验主要是课本和实验册上的实验。对于实验课堂上没完成或自己认为完成得不理想的实验，可以在开放时间重做；课本上的教师部分演示实验在条件许可的情况下也可开放；各班的研究性学习小组，在教师的指导下，在开放实验室中自主地完成课外研究项目。集中开放可以通过设立"实验活动日"的形式进行，规定每周当中的某天为"实验活动日"。在这天，教师按计划依次开出相应的实验；此外，有条件的还可以每周设立几个开放日，供科学兴趣小组的学生对自选的实验进行研究。"开放实验室"的设立，可以极大地促进学生参与实验的热情，使学生的实验素养和能力得到提高。

（三）前提——完善机制，提供实验教学"保障需求"

1. 经费保障，完善实验室的硬件条件

实验室的硬件设施主要包括各类仪器、设备、挂图、模型等。完善的硬件条件是顺利开展实验教学的保障。一方面，学校在每年的经费预算

中能充分考虑班额数与实验器材的配置比，能保证正常的实验开出率；另一方面要积极筹集资金，配全、配齐、更新实验室的设备、仪器。

2. 因陋就简，充分挖掘身边的实验资源

由于种种原因的限制，想在短时间内改进实验设备有时可能不太现实，因此，教师平时可以有意识地注意和积累一些身边可利用的物品，也可发动学生寻找身边可以利用的实验资源。例如可乐瓶就是我们实验中常用的器材，我们可以用它来做"浮沉子"实验，用它来做液体对侧壁的压强与深度关系的实验，用它来演示喷泉实验，用它来做帕斯卡桶裂实验，用它来做浮力产生原因的实验，用它来演示气体膨胀做功内能减少的实验，等等。我们平时用到的塑料袋、饮料吸管、各种笔管笔芯、旧日光灯管、橡皮泥、纸板、孩子玩具等，都可以作为实验器材。开动脑筋，努力在生活中寻找最简易的又能让研究活动正常进行的一切器材，不仅丰富了实验资源，还增强了学生的环保意识，可谓一举两得。

3. 加强学习，提高科学教师自身素质

教师良好的实验素养和能力是进行实验教学的前提。一方面，学校要重视教师实验技能的掌握，可以采取集中培训和竞赛的方式对教师进行实验操作方面的训练。训练或竞赛活动时，可以先进行实验的理论考试，再进行科学实验操作，评委们当场评分，实验后给予各种表彰，以此促进教师实验技能的提升。另一方面，学校要积极引导教师坚守自己的教育理想和信念。技能的缺失并不可怕，最可怕的是理想的迷失，如果教师不能坚守自己的科学理想和教育信念，就很难坚持实验教学。因此，教师应重视实践和理论相结合，端正并坚守自身的教育理想，以此来克服急功近利的应试教育思想的束缚，用实际行动践行课程对实验教学的要求。

四、实验教学优化策略

（一）实验设计：既要注重实验结果，又要重视设计过程

科学教材在每章节中都设计了不少实验活动，而且对这些实验活动大都给出了实验方案，这为教师的实际教学提供了参考。然而，不少教师受课堂机会主义和功利主义的影响，机械地照搬教材中的实验方案，将实验方案直接拿来用，忽视实验方案背后的设计过程，导致实验效果大打折扣。如在"探究二力平衡条件"的实验教学中，大多数教师是按照教材给出的实验方案进行探究的，实验过程简单直观，实验效果看似完美，然而教材中呈现的该实验方案的价值真正达到了吗？如果仔细探究，我们会发现该实验方案价值还远远没有实现。为什么要选择轻质卡片进行实验？其中就蕴藏着丰富的科学知识和思维发展的过程。

其实，从认知角度看，二力平衡条件知识本身不难理解。因此，该教学的难点不在于实验结论，而在于实验方案的设计和分析。教师若能重视实验方案的设计过程，对该实验方案的设计过程进行再现和分析，就能有效助力学生思维的发展。为了减少教学累赘，下面采取图示，简述实验设计引导过程（如图6-1）。

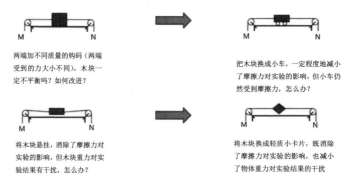

两端加不同质量的钩码（两端受到的力大小不同），木块一定不平衡吗？如何改进？

把木块换成小车，一定程度地减小了摩擦力对实验的影响，但小车仍然受到摩擦力，怎么办？

将木块悬挂，消除了摩擦力对实验的影响，但木块重力对实验结果有干扰，怎么办？

将木块换成轻质小卡片，既消除了摩擦力对实验的影响，也减小了物体重力对实验结果的干扰

图6-1 "探究二力平衡条件"实验设计过程

由此可见，重视实验的设计过程，虽然在一定程度上可能会拉长实验的时间，但是设计实验的本身价值就能得到最大程度的显现。学生在参与实验设计的过程中，由浅入深地思考问题，不断地解决问题，逐渐调整优化方案，原有的经验被充分唤醒，思维产生连续冲突，实验素养和思维水平得到提升。因此，在实验教学中，教师要转变观念，不仅要关注实验结果，更要重视实验过程的设计。一个好的科学探究过程的设计，实际上就是学生思维发展的过程，就是在实际情境中综合运用知识、技能来解决真实问题关键能力的提升过程。

（二）实验组织方式：既要强化启发引导，更要强调探究发现

按实验类型划分，教材中的实验活动包含验证性实验和探究性实验两种类型。从教学要求讲，每种类型的实验都有其相应的价值，教师只要依纲务本、按部就班完成实验即可。但从学习观的角度看，探究性实验是一种更符合学生认知特点和需求的学习方式。从教学观的角度看，探究性实验在激发学生的学习主动性、助力其思维发展和促进师生积极交互等方面也更有益处。因此，在科学教育中，应给学生提供充分的科学探究机会，让学生通过手脑并用的探究活动，体验科学探究的过程，如此才能使学生更深刻地理解科学知识，更好地掌握科学方法，更好地体会科学思想和精神。然而，在实际教学中，不少教师对探究实验熟视无睹，不仅无法将验证性实验转化成探究性实验，甚至将原本的探究性实验演化成了验证性实验。

比如"研究影响电磁铁磁性强弱的因素"的探究性实验，教师在引导学生完成提出问题和做出假设环节后，直接给出了一个实验电路图，如图6-2所示，然后提出了"实验中为什么要用电流表？它起什么作用？""实验中弹簧秤下为什么要挂一铁块，又有什么作用？""如何判断电磁铁磁性强弱？"三个问题让学生进行分析，看似完成了制订计划这个环节，其实缺少"探究味"，学生的思维发展也不充分，教师是在不知不觉中完成了一次"伪探究"。

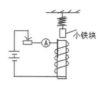

图6-2 "影响电磁铁磁性强弱的因素"实验设计

那么，如何设计这一教学环节才能凸显科学的"探究味"呢？有教师做了以下尝试，他先问学生："根据实验思路，若要设计实验图，首先要解决什么问题？"学生经过思考，认为要设计实验图先要解决三个问题：一是用什么来反映电磁铁磁性的强弱，二是如何改变通过电磁铁线圈的电流，三是用什么方法来反映电磁铁线圈的电流大小的改变。教师通过投影仪呈现上述三个问题，学生按组进行讨论。

就"用什么方法可以判断电磁铁磁性的强弱"这一问题，A、B、C、D四组学生分别给出了"看它能吸起多少根大头针或小铁钉""看它能吸起多少铁屑（用天平称）""看它对某一铁块的吸引力（铁块挂在弹簧秤下，观察弹簧秤的读数变化）有多大""看它对某一铁块的吸引力（铁块挂在橡皮筋下，观察橡皮筋的长度变化）有多大"四种方法。

就"怎样改变通过电磁铁线圈的电流"这一问题，E、F组学生分别给出了"用滑动变阻器改变线圈中的电流""用增减干电池数量（电压大小）来改变线圈中的电流"两种方法。

就"用什么方法可以判断通过电磁铁线圈的电流大小变化"这一问题，G、H组学生则分别给出了"用电流表测量电流大小""用串联小灯泡的亮度来比较电流大小"两种方法。

然后学生在教师的引导下优选出 C、E、G 组提出的方法来组成实验电路图（如图 6-2 所示）。

同样的教学环节，同样的实验方案，两种不同的设计理念，实验的"探究味"完全不同，实验效果也完全不同。科学的本质特征是探究，在科学教育的过程中应体现科学探究的精神。让学生亲身经历以科学探究为主的学习活动，不仅符合学生的认知特点，而且对他们的长远发展有重要意义。因此，在实验教学中，教师应强化科学探究的意识，用科学探究的理念来设计实验，用科学探究的方式来呈现实验过程，如此，不仅能让实验教学过程充满魅力，更能让学生的思维实现从低阶到高阶的转变。

（三）实验目的：既要关注技能操作，又要聚焦科学思维

科学教育的核心目标是促进高阶思维能力的发展，因此，作为一种教学方式，实验教学的根本目的也应该是通过实验活动训练学生思维。然而，现实中的实验教学仍然习惯性地聚焦于操作技能训练，而忽视思维的培养。思维能力培养的不足导致学生能力发展不足，无法灵活解决现实情境中的真实问题。如在"阿基米德定律"实验教学中，教师往往是利用弹簧测力计、金属筒、小铁块、溢水杯、小烧杯等器材，按照教材中的实验方案，引导学生一步步实验，最后通过实验数据分析，总结出了阿基米德定律的内容和公式。然而，学生对实验设计思路并不清晰，因此对实验中为什么要用到金属筒以及为什么要将小烧杯中的水倒回金属筒并不理解，只是机械地按照教材给出的实验步骤进行实验，虽然最后得出了结论，但其实对阿基米德定律的内容认识并不深刻。这就是很多同学会做阿基米德定律实验，但一旦碰到浮力的实际问题就束手无策的原因。

若以思维线来设计这个实验，实验教学效果就完全不同。教师在引导学生做出"浮力大小可能与物体排开液体多少有关"的假设后，问学生："实验的关键是要测出哪两个量的数据？"学生通过分析假设后认为"关键是需要测出浮力和物体排开液体的重力两个量"，那么，实验需要用到什么器材？如何来设计实验过程呢？教师没有急着给学生启发引导，而是让学生分组进行头脑风暴。大部分学生会想到教材中给出的实验方案，利用弹簧测力计来测出两个力的大小。不同的是，有些组并没有采用"将排开的水重新倒入金属筒，使弹簧秤指针重新回到开始前的刻度"的方式来比较浮力和物体排开液体重力的关系，而是通过分别测出浮力和物体排开液体的重力的方式来比较两个量的关系（如表6-1）。

表6-1 "阿基米德定律"实验数据记录（1）

金属筒的重力（牛）	小铁块在空气中称的示数（牛）	小铁块浸没在溢水杯中的示数（牛）	浮力的大小（牛）	金属筒和物体排开水的总重力（牛）	物体排开水的重力（牛）

教师再问："若实验中没有金属筒，是否还能测出物体排开水的重力？你又有什么办法测出这个量？"有学生想到了用天平测物体排开水的质量，然后再根据重力公式来求算重力的办法（如表6-2）。

表6-2 "阿基米德定律"实验数据记录（2）

小铁块在空气中称的示数（牛）	小铁块浸没在溢水杯中的示数（牛）	浮力的大小（牛）	空烧杯的质量（千克）	烧杯和物体排开水的总质量（千克）	物体排开水的重力（牛）

教师继续追问："若实验中没有天平，是否还有其他办法测出这个量？"有学生想到了用量筒测物体排开水的体积，然后再根据密度公式

来求算重力的办法（如表 6-3）。

表 6-3 "阿基米德定律"实验数据记录（3）

小铁块在空气中称的示数（牛）	小铁块浸没在溢水杯中的示数（牛）	浮力的大小（牛）	物体排开水的体积（毫升）	物体排开水的重力（牛）

哪一种方式更好呢？教师再组织学生针对以上方案进行比较，学生从操作简易程度、实验现象明显程度、实验结果精确程度（误差）和实验设计思路巧妙程度等方面进行评价，选出最佳实验方案。

科学思维是科学研究的灵魂，而实验是科学学习的重要方法。没有实验的科学课堂不是真正的科学学习活动，而没有思辨的科学实验活动，同样也不是完美的科学课堂。聚焦科学思维是实验教学的核心目标和根本任务。布鲁姆教育目标分类理论认为，知识、理解、应用是低水平的思维表现形式，分析、综合、评价等才是高水平的思考。因此，实验教学中，教师应将高阶思维作为思维培养的核心指向和主要落脚点。

（四）实验价值：既要关注问题解决，更要凸显科学方法

科学方法是人们在认识和改造世界的过程中遵循或运用的、符合科学一般原则的各种途径和手段，包括在理论研究、应用研究、开发推广等科学活动过程中采用的思路、程序、规则、技巧和模式。简单地说，科学方法就是人类在所有认识和实践活动中所运用的全部正确方法。科学方法作为科学课程标准的重要组成部分，是科学教育的重要内容，也是学生学习科学的重要方法。初中科学实验中蕴含着许多基本的科学方法，如观察、归纳、演绎、转化、理想实验、推理、模型、类比、等效替换、控制变量等。教师在实验教学中渗透这些方法，并引导学生将这些方法转化为学习科学的思维方式和动手能力，不仅能使学生提高学习效率，还能帮助学生提升对科学学习的兴趣。令人遗憾的是，不少教师在实验教学中习惯性地强调实验技能和实验结果的应用，而忽视实验中体现出的科学方法和科学思想教育，这种指向知识和技能的实验教学目标，使得实验教学的"最后一公里"没有打通，实验教学变得肤浅且无色彩。

例如，"大气压大小的测量"实验，教师经常是以意大利科学家托里拆利测量大气压的故事引入，然后借助现有的器材演示"托里拆利实验"，之后再分析实验现象，通过计算总结得出大气压的值。但是为什么要用水银来求大气压的值？其中充满了实验设计的科学思想和方法。

教师可以以"覆杯实验"切入，引导学生对纸片进行受力分析。在明白了纸片为什么不掉下后，教师问学生："杯中的水是否可以装得无限高？什么样的情况下，纸片刚好掉下呢？"在学生做出判断后，再问学生："大气压能否直接测量？覆杯实验对测量大气压有什么启示？"学生会自然而然地想到：用水的压强来间接测量大气压。教师再引导："为了减小实验中液柱的高度，最好用什么样的液体做实验？"至此，教师引出并演示了"托里拆利实验"（如图6-3）。

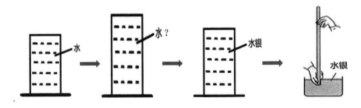

图6-3 "托里拆利实验"的实验设计

此时，教师引导学生得出：对于一些看不见摸不着的现象或不易直接测量的量，通常用一些非常直观的现象去认识或用易测量的量间接测量，这种研究问题的方法叫转换法。

在认识到这一科学方法后，不少学生立马想到了还可以把大气压转化为固体压强来进行测量。比如，有同学想到了利用针筒挂重物的方法来测量大气压（如图 6-4）；还有的想到了用平时玩的皮碗悬挂重物的方法来测量大气压（如图 6-5）。

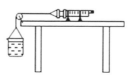

图 6-4　"大气压大小的测量"实验创新设计（针筒挂重物）

图 6-5　"大气压大小的测量"实验创新设计（皮碗挂重物）

科学方法是科学知识转化为科学能力的桥梁和纽带，科学方法的教育是学生科学素养形成的关键，多样化的实验活动是训练学生科学方法的重要途径。在实验教学中，教师应在指导学生通过实验解决科学问题的同时，潜移默化地渗透科学研究方法，在学生知道、理解、掌握科学方法后，再有意识地引导学生运用相应的科学方法去分析和解决科学问题，这样就可以大大提高学生对科学现象、概念或规律的认识和理解能力，而且对培养学生的科学思维方法和习惯、提高科学素质大有裨益。

五、实验教学优化案例

（一）"实验室制取氧气"实验教学优化

1. 传统教学设计

大多数教师是按着教材给出的实验方案进行实验的，待完成有关实验后再花大量的篇幅来解释实验操作要点。实验效果看似完美，然而教材中呈现的该实验方案的价值真正实现了吗？如果仔细探究，我们会发现该实验的价值还远远没有实现，一个最典型的表现就是学生面对之后类似的"二氧化碳实验室制取"这个实验时不会迁移应用，如为什么要选择长颈漏斗或者分液漏斗？长颈漏斗末端为什么要插入液面下？为什么要用到有孔隔板？为什么要有胶管夹？等等。学生内心并不清晰。

2. 优化教学设计

教师事先不直接拿出发生器给学生，而是先演示在大试管里加入二氧化锰和双氧水，放出氧气。在学生懂得反应原理的基础上，从大试管开始，分析矛盾，解决矛盾，采取问答式教学，逐步把发生器装配起来，这才是有利于学生思维发展的实验过程。为了减少教学累赘，下面采取图示简述实验设计引导过程，如图 6-6 所示。

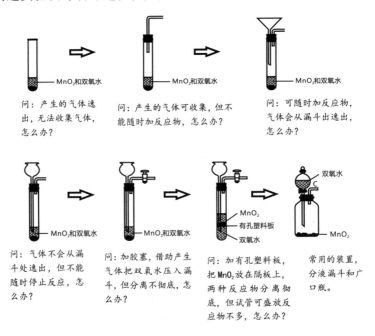

图 6-6 "实验室制取氧气"实验设计过程

（二）"植物的光合作用需要二氧化碳"实验教学优化

1. 传统教学设计

教师通常也是按照教材给出的实验方案进行实验，待完成有关实验后再来解释实验操作要点，费时费力，实验效果却并不如意。为什么要选择透明塑料袋包裹叶片？一个塑料袋内放入氢氧化钠溶液，另一个塑料袋内为什么要放入等量的水？学生没有经过深刻的思维活动，对此理解并不深刻。当要求学生设计"植物光合作用需要水"这个实验的方案时，学生感到很困难。

2. 优化教学设计

教师事先不直接呈现实验方案，而是在前期教学中学生已懂得如何利用实验检测光合作用产生的淀粉的基础上，从"海尔蒙特实验"中"土壤烘干后称重质量减轻 0.1 千克，而树增加了 76.7 千克，这是为什么"这个问题开始，分析矛盾，解决矛盾，采取问答式教学，逐步把实验方案设计出来。为了减少教学累赘，下面采取图示，简述实验设计引导过程，如图 6-7 所示。

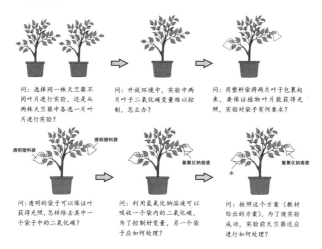

图 6-7　"植物的光合作用需要二氧化碳"实验教学优化

（三）"二氧化碳与水反应"实验教学优化

1. 传统教学设计

这个实验，教师一般是按照教材中给的实验方案（如图6-8），在两支试管中分别倒入适量的水和二氧化碳与水混合的液体，然后分别滴加紫色石蕊试液，结果左边试管中的紫色石蕊试液没有变色，右边试管中的紫色石蕊试液变红色，由此得出结论：二氧化碳能与水反应生成一种酸。实验有对比，有结论，看似很完美，其实这样的实验组织缺少"探究味"，学生的思维发展不充分，教师是在不知不觉中完成了一次"伪探究"；而且从探究角度看，实验设计很不严谨，变量控制不到位，二氧化碳是否会使紫色石蕊变色呢？教师没有排除这个因素对实验结果的干扰。

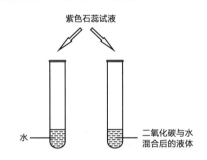

图6-8　"二氧化碳与水反应"实验方案

2. 优化教学设计

那么，如何设计这一教学环节才能凸显科学的"探究味"呢？教师先将紫色石蕊试液滴入装有二氧化碳与水混合后的液体的a试管中（如图6-9），结果发现紫色石蕊试液变红了，学生很惊讶，第一反应就是疑问："紫色石蕊试液为什么会变红？"此时，教师追问："根据刚才的实验过程，大家猜测使紫色石蕊试液变色的可能是哪些物质？"学生经过思考，认为有三种可能性：一是水使试液变色，二是二氧化碳使试液变色，三是二氧化碳与水反应后的生成物使试液变色。那么如何设计实验来证明猜测呢？此时，教师再演示"紫色石蕊试液滴加到盐酸中变红色"的实验，直观地让学生明确"紫色石蕊试液可以用来检验酸性物质"这一事实。根据以上事实，学生自主设计实验，如图6-9所示，通过比较a、b、c三支试管中的实验现象，很顺利地得出了"二氧化碳与水反应会生成酸性物质"的结论。

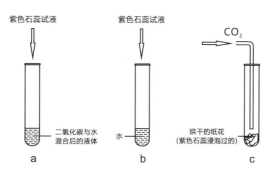

图6-9　"二氧化碳与水反应"实验探究方案

（四）"植物的呼吸作用"实验教学优化

1. 传统教学设计

教师按照教材中给的实验方案（如图6-10），在两支试管中分别倒入适量的石灰水，然后分别在铁丝网的湿棉花上放入消毒的种子和已煮熟的消毒的种子，结果发现A试管中石灰水变浑浊，B试管中的石灰水没有变化，由此得出结论"植物能进行呼吸作用产生二氧化碳"，然后，教师再组织学生讨论："为什么要放湿棉花？为什么种子要消毒？"

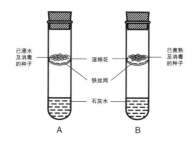

图6-10　"植物的呼吸作用"实验方案

2. 优化教学设计

教师先问学生："根据前一节课学过的动物的呼吸作用的有关知识，若要设计实验来探究植物能否进行光合作用，首先要解决什么问题？"学生经过思考，认为要设计实验方案先要解决三个问题：一是选择植物的什么器官来做研究对象？二是如何设置对照实验？三是如何检验二氧化碳产生？教师通过投影仪呈现上述三个问题，学生按组进行讨论。

就"选择植物的什么器官来做研究对象"的问题，A、B、C、D 四组学生分别给出了"植物的根，如新鲜番薯""植物的叶，如新鲜菠菜""植物的种子，如新鲜大豆""植物的果实，如新鲜梨"四种方法。

就"如何设置对照实验"的问题，各组学生充分讨论，形成了 E、F 两种共识：一是设置新鲜植物器官和煮熟的植物器官两组作为对照；二是两组植物器官都要充分消毒，消除微生物呼吸作用对实验结果的干扰，水分、温度、光照等要适宜，保证植物器官呼吸作用所需要的外部条件。

就"如何检验二氧化碳的产生"的问题，学生经过思考给出了"在装置内放置澄清石灰水或将气体通入澄清石灰水中""在装置内放置碱石灰，观察液滴移动"两种方法。

然后，学生在教师的引导下优选出相应方案来组成正式实验方案（如图 6-11、图 6-12 所示）。

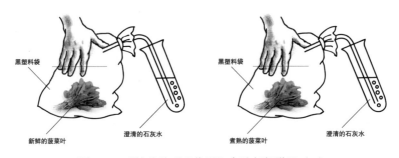

图 6-11 "植物的呼吸作用"实验创新设计（1）

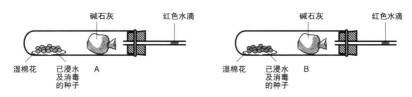

图 6-12 "植物的呼吸作用"实验创新设计（2）

（五）"质量守恒定律"实验教学优化

1. 传统教学设计

教师利用教材中给出的两种方案，引导学生一步步实验，最后通过实验数据分析，总结出了质量守恒定律。然而，学生对实验设计思路并不清晰，因此对实验为什么要在封闭环境下进行并不理解，只是机械地按照教材给出的实验步骤进行实验，虽然最后得出了结论，但其实对质量守恒定律认识并不深刻。这就是很多同学会做质量守恒定律实验，但一旦碰到质量守恒定律的实际问题就束手无策的原因。

2. 优化教学设计

教师先以生活中的两种现象——木头燃烧后变成了灰烬质量减少了，蜡烛燃烧后质量几乎为零，设问："化学反应中物质的质量如何变化？"此时学生大都认为物质燃烧了，质量会减小。教师再设计在开放体系中"碳酸钠与稀盐酸反应前后质量的变化"的实验，如图 6-13 所示。我们可以看到在开放体系中，反应后质量减小了。至此，学生再次坚定了"质量减小"的判断。此时，教师再呈现在封闭体系中"碳酸钠与稀盐酸反应前后质量的变化"实验，如图 6-14 所示，结果发现反应后质量没有改变。同样的反应原理，为什么前后两次实验结果不同呢？学生在头脑中产生了激烈的认知冲突。究竟哪个实验才能准确反映化学反应中的质量变化？学生通过对比分析两次实验结果不同的原因，推理得到"化学反应中质量守恒"的结论，进而也明确了开放条件下"质量不守恒"恰恰是"质量守恒"下产生的一种表现。

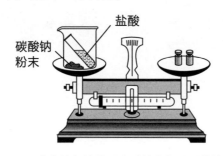

图 6-13　碳酸钠与盐酸反应质量变化（开放体系）

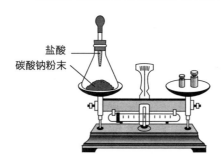

图 6-14　碳酸钠与盐酸反应质量变化（封闭体系）

那么，如何解释木头和蜡烛燃烧质量减小的现象呢？要证明木头和蜡烛燃烧前后质量不变，又需要如何设计实验呢？学生经过讨论都能给出正确解释和实验设计思路。此时，教师再组织学生针对教材中的两个实验方案进行评价，如图 6-15 所示，学生从操作、实验现象、实验结果和实验设计思路等方面进行评价，选出最佳实验方案。

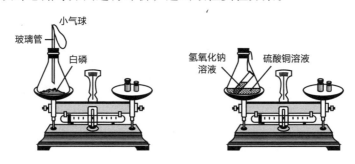

图 6-15　化学反应前后质量测定

（六）"植物的蒸腾作用"实验教学优化

1. 传统教学设计

教师往往是利用教材中给出的方案，用一只透明塑料袋将叶片包裹起来，放置在阳光下照射，最后通过塑料袋内壁产生了水珠，从而得出蒸腾作用散失水分的结论。然而，学生对实验设计思路并不清晰，因此对实验中为什么要用塑料袋包裹叶片并不理解，只是机械地按照教材给出的实验步骤进行实验，最后虽然得出了结论，但其实对叶子是蒸腾作用的器官的认识并不深刻。这就是很多同学会做实验，但一旦碰到蒸腾作用的实际问题就束手无策的原因。

2. 优化教学设计

教师先故意出错，按照教材提供的方案，用一只透明的塑料袋将天竺葵连花盆一起包裹起来，如图6-16（a）所示，一段时间后，塑料袋内出现水珠。学生很是兴奋，认为植物蒸腾作用的确能产生水分。此时，教师问学生："袋内的水珠一定是来自植物的吗？"被老师这么一问，学生甚感惊讶，随即投入思考。不一会儿，有学生就找到了老师的破绽，认为袋内的水珠还可能来自土壤。那么，如何改进这个实验呢？学生自然想到了用塑料袋只包裹天竺葵的方案，如图6-16（b）所示。教师再追问："该实验能证明植物的蒸腾作用是通过叶子来进行的吗？"学生的思维顿时活跃起来，经过思考，不少学生认识到被塑料袋包裹起来的不仅有叶，还有植物的茎，也就是说，仅仅通过图6-16（b）实验方案，无法证明植物的蒸腾作用是通过叶片来完成的。我们又该如何继续改进实验方案呢？学生们想到了增加对照组——用塑料袋包裹去掉叶的天竺葵枝条，如图6-16（c）所示。此时，又有学生质疑，图6-16（c）的植物虽然是同种，但选择的植株不同，可能也会对实验结果有影响，因此提出了在图6–16（b）的实验中选择一根枝条进行去叶（多片）包裹作为对照实验，如图6–16（d）所示。至此，学生以为即将大功告成的时候，教师再次追问："在阳光下，塑料内的水珠并不容易出现，有没有办法改进？"学生的思维又一次被点燃。学生经过头脑风暴，设计出了如图6–16（e）的方案。最后，教师再组织学生针对五个实验方案进行评价，学生从实验操作、现象、实验结果和实验设计思路等方面进行评价，选出最佳实验方案。

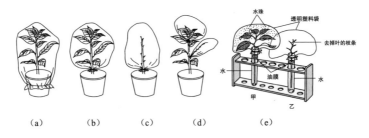

图6–16 "植物的蒸腾作用"实验教学优化

（七）"空气中氧气的含量"实验教学优化

1. 传统教学设计

教师通常是以法国化学家拉瓦锡测量空气中的成分故事引入，然后借助现有的器材演示教材中的"空气中氧气含量测定"实验，如图6–17所示，之后再分析实验现象，通过观察分析得出空气中的氧气含量。但是为什么要用水来求氧气的含量？其中充满了实验设计的思想和方法。

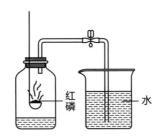

图6–17 "空气中氧气含量测定"实验方案

2. 优化教学设计

教师以"红磷燃烧"切入，引导学生对瓶内气压进行分析。在明白了水为什么会倒流到广口瓶中后，教师问学生："烧杯中的水是否会无限流入广口瓶？什么样的情况下，广口瓶中的水位不再上升？"在学生做出判断后，再问学生："空气中的氧气含量能否直接测量？该实验对测量空气中的氧气含量有什么启示？"学生自然而然会想到"用水位上升的体积来间接反映空气中氧气的含量"的测量方法。至此，教师再演示"空气中氧气含量"实验。

此时，教师引导学生得出：对于一些看不见摸不着的现象或不易直接测量的量，通常用一些非常直观的现象去认识或用易测量的量间接测量，这种研究问题的方法叫转化法。

在理解了上述实验原理后，不少学生针对实验中红磷点燃方法的不足想出了改进方案，如图 6-18 所示。在认识了上述实验设计思路后，也有同学的实验设计思路一下子被打开，随即想到了把空气中氧气的含量转化为活塞移动体积来进行测量的方案，如图 6-19 所示。

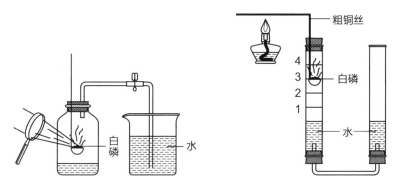

图 6-18　"空气中氧气含量测定"实验改进

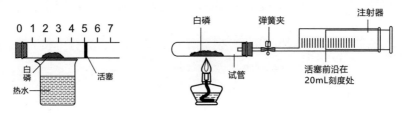

图6-19 "空气中氧气含量测定"创新设计

（八）"测量土壤空气的体积分数"实验教学设计

1. 传统教学设计

教师通常用量筒往相同体积的铁块和土壤中加水，比较两者加水量，算出差值，来得到土壤中空气的体积，如图6-20所示。之后再分析数据，通过计算得出土壤中空气体积分数。但是为什么要用相同体积的铁块来进行实验？其中充满了实验设计的思想和方法。

图6-20 "测量土壤空气的体积分数"实验方案

2. 优化教学设计

教师以"海绵吸水"切入，让学生明白海绵内部有空隙，空隙的体积即为海绵内空气的体积，而海绵最大吸水的体积就是海绵内空气的体积，然后引导学生通过类比法明确组成土壤的矿物质颗粒之间有空隙，空隙的体积即土壤中空气的体积，而土壤吸水的体积也就是土壤中空气的体积。因此，要测量土壤中空气的体积，只要测出土壤最大吸收水的体积即可。那么，如何测出土壤吸收水的体积呢？显然，通过往土壤中直接加水是无法测出这个量的。有同学想到了用相同体积的铁块来进行对比，间接求出土壤能吸收水的最大体积（如图 6-21）。

土壤 / 铁块

图 6-21 "测量土壤空气的体积分数"实验改进

此时，教师引导学生得出：对于一些不易直接测量的量，通常用一些类似的可以测量的量去做对照间接来测量，这种研究问题的方法叫比较。

在理解了上述实验原理后，不少学生立马想到了该实验的改进方案，将相同体积的铁块和土壤浸没在溢水杯中，根据两者溢出水的差值，就可以得出土壤中空气的体积。

第七讲　合作学习

合作学习又称为协作学习，是当今国内外呼声最高的学习理论之一。许多学习理论都在提倡学生之间的合作。合作学习与竞争性学习、个体化学习以及小组学习既有联系也有区别。合作学习的必备要素有积极的相互依赖、面对面的促进性交互、个体责任、人际交往技能、小组加工等。合作学习的意义既体现在促进学生智力发展的方面，也体现在促进学生非智力发展的方面。在科学教学中，开展合作学习，是初中科学课程标准的基本要求，也是学生学习的基本方式之一。

当前，合作学习作为一种学习方式和策略体系，越来越受到广大教师的重视。《国务院关于基础教育改革与发展的决定》指出："要鼓励合作学习，促进学生之间的相互交流，共同发展，促进师生教学相长。"结合科学课程的要求和特点，我们在课堂教学中积极开展了合作学习的实践探索，获得了一些成效和经验，同时也暴露出一些问题和不足。本讲就科学课堂教学中的合作学习谈一些看法。

一、概念认识

关于合作学习的内涵界定，见仁见智，说法不一。有学者认为，合作学习是教学各动态因素之间的多维立体互动合作，是一种旨在促进学生在异质小组中互助合作、达成共识的学习目标，并以小组总体成绩为奖励依据的教学策略体系。结合教学实践，笔者认为科学课堂教学中的合作学习应包含以下几个方面。

（1）行为指向：既重视师生互动又强调生生互动。

（2）目标指向：主张知识与技能、方法与能力和情感与价值观三维目标均衡达成。

（3）情境指向：强调以小组活动为基本教学形式，个体自主、团队合作和小组竞争三种学习情境兼容。

（4）评价指向：以小组团体成绩为主要评价依据，突出激励和发展性评价理念。

二、问题及成因分析

（一）流于形式

实施科学课程改革，首先要真正理解科学新课程的基本理念，才能将这些新理念融入科学实践中。然而，不少科学教师对此缺乏一种理性思考，仍然在长期形成的经验和习惯的支配下，进行着个人理解上的粗放型教学"改革"。

【案例 1】"水的浮力"教学片段

某位老师在上科学第三册第一章第五节"水的浮力"这节课时，采用合作学习模式，把书本上的演示实验改为学生分组实验，让学生亲自动手，小组合作，共同探究"影响浮力大小的因素"。结果实验室是一番热闹景象，但真正能有效动手研究的学生并不多，大多数学生只是在摆弄实验器材或是相互嬉闹，性格内向、胆小的学生更是无所适从，成为"看客"；在汇报交流环节，几个学习成绩比较好的学生是主角，其他学生则是忠实的"听众"。

应该说这位教师的课改意识是值得肯定的，但在这节课堂里，师生、生生之间的互动合作程度如何？学生能体验到什么？学到什么？答案是不言而喻的。这是合作学习的本意吗？不是。教师粗浅的课改认识和稍显浮躁的课改心理，以及对合作学习组织能力的缺乏是根源。因此，新一轮课程倡导的合作学习，不是简单的为合作而合作，而应该是每个成员在学习活动中都深度参与活动，指向目标，并且有明确分工。

（二）淡化目标

合作学习是一种有着明确目标和分工的学习活动。在实施合作学习时，不少教师关注的往往是课时任务能否完成，而忽视对合作学习目标达成的指导。于是，我们就看到类似前述案例中的学生合作学习景象：忙的学生无效（不知道自己在干什么）；闲的学生无措（不知道自己怎么去干）；闹的学生无序（不知道去干些什么）。合作学习费时、费力，难见成效。

究其原因，首先在于教师对合作学习目标观认识的不足，不能很好地处理教学总目标和合作学习目标的关系：认为教学总目标可以简单分解为小组合作学习的目标；认为教师只要关注教学总目标的最终达成，而无须指导合作学习小组如何去实现这个目标；认为合作学习小组中成员任务的分工也可以由组长全权负责，教师无须操心……如此，对于那些很少进行合作学习的学生来说茫然无措就不可避免了。因此，教师对合作学习小组实现的合作目标进行相应的指导，关心学习小组成员的任务分工落实情况，就显得非常有必要。其次，受传统评价观的影响，教师往往把自己置于合作学习之外，不能融入学生科学探索的过程，只对学生合作学习的结果好坏做出评价，这样，教师就很难认识到学生合作学习的目标定位，以及任务分工上存在的问题。因此，教师参与到学生的合作学习中，既要关注合作学习的结果，又要关注合作学习的过程，才能使合作学习有效进行。

（三）忽视个体

在学生完成合作学习的任务后，教师下一步要做的通常是让每个小组派代表发言，展示交流合作学习的收获。要求每个小组的发言者必须对所有成员的观点进行整合、优化，代表整个小组内所有学生的观点，而不是所有学生对问题的五彩缤纷的理解。

【案例2】"探究物质的性质"教学片段

在"探究物质的性质"实验中，某一小组发现了桌上一瓶无标签的无色液体，认为它应该就是实验中缺少的氯化钠溶液，但又不能确定（可能是水）。在学生问教师时，教师及时发动各组同学讨论，设计鉴别方案。然后要求每组派一个代表概括小组的讨论意见（有些组没有发言）。大致有以下几种概述：①尝味道；②取相同体积，称质量；③取相同质量，测体积；④放一木块，判断浸在液体中的体积大小；⑤用密度计测其密度；⑥滴加 $AgNO_3$ 溶液。

至此，这位教师对六位学生代表的发言做如下总结：你们采用的方法都能鉴别出结果。但我们要明白（统一认识）：方案①欠安全，不可取；方案②③比较烦琐；方案④⑤⑥操作相对简单些，其中方案④最好。

这里我们暂且不论这位教师总结得对与错，单纯那种"统一认识"——趋大同求唯一的做法就欠科学合理。首先忽视了合作学习中学生个性化学习的作用，用片面集体的求同扼杀了学生个体的个性化认识，与时代要求的"尊重个性、弘扬个性"的精神相违背。因此，在合作学习中，我们必须纠正这一认识偏差，尊重学生个性，重视和保护学生的个性化认识，让更多的学生拥有发表个性化见解的愿望和机会。

（四）主体偏失

在我们的合作学习课堂上，常常可以看到这样的景象：一些成绩相对较好、表达欲望较强的学生学习活跃，在各环节表现积极，而一些学习困难、性格内向的学生，往往是被动、消极、不合作的。

导致合作学习出现弱势群体不合作现象的原因是什么？其中一个直接原因是部分教师在组建合作学习小组时，视兴趣小组等同于合作学习小组（异质小组）。兴趣小组（同质小组）是由几个兴趣爱好相同、学习成绩相当、智能水平相近的学生组成的；合作学习小组（异质小组）则是由性别、学业成绩、能力、个性倾向等方面不同的成员构成的，成员之间存在着一定的互补性。组内异质、组间同质为互助合作奠定了基础，而组间同质又为保证全班各小组间展开公平竞争创造了条件。其次，我们很少在课堂上真正采取过什么有效的措施来关注弱势学生，这是合作学习不合作现象的根本原因。因此，只有我们真正本着"尊重每个学生，让每个学生都有进步"的理念，关爱弱势学生的成长，进行客观评价，弱势群体才有可能解体，进而成为优势群体，合作学习才能卓有成效。

三、开展合作学习的策略

（一）把握本质是开展合作学习的前提

合作学习以学生为中心，强调学习活动的主体参与和互动，其根本目标是学生三维目标的达成。如果教师不能正确理解合作学习这一内涵，不能把握合作学习的特点，不能处理好课程理念与教学改革实践的关系，片面强调为课改而进行"教改"，那么，合作学习也就难以开展或流于形式。这就要求教师真正改变教育理念，深刻理解课程理念和内涵，把握合作学习的实质，在课程理念的指导下进行大胆而又理性的合作学习的实践与探索。

（二）正确目标定位是开展合作学习的核心

合作学习在教学目标上，追求教学在知识与技能、方法与能力和情感与价值观三维目标上的均衡达成，即学生通过合作学习既锻炼能力又获取知识，既体验到科学的情感，又培养了科学合作精神。但同时，教师必须认识到，在完成一个特定的教学内容时，不可能把上述三类目标一并实现。不同的内容组织，不同的合作形式只可能侧重实现一类或两类目标。比如案例1探究浮力大小影响因素，实现认知技能目标是可能的，但在实现情感目标方面就相对弱些，因此合作学习的目标确定要合适。

（三）选择好内容是开展合作学习的切入点

合作学习的目的在于使每个学生尽可能地参与到学习活动中来，因此合作学习选取的内容应体现以下三个特点：一是有层次性，使大部分学生能开展思考与探究；二是有趣味性，有利于调动学生参与的兴趣和积极性；三是有可合作性，既要切合学生知识与能力的实际，使学生能够操作，又要充分考虑到同伴合作实施的条件。如探究影响蔗糖在水中溶解快慢的因素，探究种子萌发的条件，等等。选取合适的内容可以使每一个学生都投入学习活动，并能进行有效的思考，解决具体问题，实现有效发展。

（四）教师主导是开展合作学习的关键

合作学习要凸显学生主体，但学生由于学习能力的不足和个体差异，还不能完全独立开展有效的合作学习。因此教师必要的、及时的介入指导就显得很重要。比如指导学生进行合作小组建设，包括成员选择和分工；指导学生针对任务展开具体的合作学习；指导学生对合作学习的结论进行总结和表达；等等。

（五）改进评价机制是开展合作学习的保证

评价对于促进合作学习活动的开展和学生发展有着重要作用。我们应以"尊重每个学生，让每个学生都有进步"作为评价合作学习的最终目标和尺度，切实改变"强调定量，重视结果，热衷于凭成绩定高低，压抑学生个性发展"的传统评价方式，将过程评价与总结性评价有机地结合起来，对学生合作参与的态度、投入、积极性、成果质量等进行综合评价；同时将定量评价与定性评价有机结合；将学生互评、自评与教师的评价有机结合，促进有效合作学习的形成，实现学生的发展。

第八讲　动态生成

　　在教学经历中，我们都有过这样的体会，有些课上得很顺利，教学任务都完成了，科学实验也很成功，学生课堂状态反馈良好，此时难免在心中产生一种轻松和成就感，但总感觉还不够，意犹未尽，似乎缺少什么。而有些课，看上去不那么顺利，或许预设的教学内容都没来得及完成，但是学生在老师的尊重和信任下，主动思考，大胆质疑，产生了一个个新的问题，在一次次探索中获得了新的知识，能力也得到锻炼和提高，甚至连教师本人也得到意想不到的收获。这就促使我们去追寻一个问题：什么样的课堂才真正具有生命力？立足学生发展是科学课程的核心理念之一，由此出发，我们不难发现，动态生成的课堂才是灵动的，有生命力的，因为它还原了课堂真实形态，以学生学习需要为出发点，满足了学生发展的需求，尊重了学生的个体生命成长。

动态生成是科学课堂教学的一个基本特点，也是落实科学课程标准的一个基本要求。本讲在认识动态生成教学内涵和基本特征的基础上，提出了实现动态生成教学的三个基本途径，并结合课堂教学实例说明了在初中科学课堂中实施动态生成教学的四种基本方法：质疑问难生成、错误失败生成、意外事件生成、空白探究生成。

一、动态生成的概念和基本特征

动态生成是指在教学活动中，教师不囿于教材、教参和教案的预设路径，适时将变化的教学情境进行创造性的重组，转化为新的教育生长点，然后通过质疑、引导、探究等教学活动，使学生获得认知、能力和情感的充分体验，实现个体生命意义上的真正发展。具体说，它具有以下三个特征：

（一）主体活动表现学生参与

学生主体性通常表现为学生参与教学活动时的卷入性、自为性、创造性。叶澜指出："这种动态生成力是由参与活动者的生命力得到充分发挥后创造出来的。"这就是说，在动态生成的教学过程中，教师不再是课堂的主宰者，学生表现出个体的能动性和创造性，能自发地参与到整个教学过程中，主体卷入性得到充分体现，课堂教学变得更充满人文关怀，更具有有效性。

（二）学习过程呈现动态开放

学生主体的能动性和创造性特点，决定了学生的学习也是一个不确定的过程。传统的课堂，教什么，怎么教，教师都已先有计划，在实施教学过程中，教师按部就班，用预设的方法和手段来呈现预设的教学内容，课堂表现出线性的、静止的状态。动态生成的课堂不是不要预设，而是在预设的前提下，更加强调学习手段、方法和内容的开放性，根据学生学习过程表现出动态的调整。

（三）教学终点指向生命发展

动态生成不是为需要而需要，无意义的、虚假的、形式上的生成不仅是多余的，浪费宝贵的教学时空，而且会降低教学效率。动态生成内容要符合教学要求，方法手段上要契合学生特点，评价上要有利于学生发展。也就是说有意义的动态生成，其教学指向是学生的生命发展。

二、动态生成教学的实现途径

（一）前提是做好教学预设

预设是生成的前提，没有对教学过程的充分考虑，教师就不可能在教学中做到游刃有余，也就无法捕捉到教学中新的教学增长点，就更谈不上学生在"动"中挖掘潜能，激发思维。要实现有意义的动态生成，教师的预设应该做到三个充分：一是充分的教材分析，把握教材中的重难点，选择好教材中的教学资源；二是充分的学情分析，掌握好学生认知水平、思维特点和学习基础，预设学生在学习中的思维困难和"节点"，并制定应对策略；三是充分考虑教学方法，根据教学内容选择合适的教学方法，以激发兴趣、启发参与、促进交流为出发点，将学习时空最大限度地还给学生。

（二）关键是创设好教学环境

教学是一个师生互动的过程，生成是在互动中产生的，良好的互动依赖于适宜的课堂生态环境。也就是说，民主和谐的教学氛围是动态生成的关键。而课堂生态建设的决定因素在于教师，这就要求教师有科学的课堂观，能真正转变角色，尊重学生主体地位，以参与者、合作者的身份实施教学，和学生进行平等对话；有开放的心态，敢于面对质疑，倾听学生的表达，并能给予积极的回应。如此，师生双方心理状态轻松、活跃、自由，师生交流沟通就充分深入，课堂就自然而然走向动态生成。

（三）核心是重视教学反思

课堂中会有不少意想不到的火花，这些火花能否被教师捕捉到，捕捉到了又能否转化为教育生长点，即教师能否产生一次有意义的动态生成，依赖于教师是否具有教学机智。这种教学机智看似瞬间产生，其实是教师在长期教学实践中积累形成的。在这一过程中，教学反思起到了重要的促进作用。每次课后，教师对教学组织是否合理、教学手段应用是否科学、教学意外处理是否妥当……这些具体化、现场化的教学情境进行理性思考，探究背后的成因和改善的策略，长年累月，教学经验必会日渐丰富，教学智慧必将不断增加。

三、动态生成教学的基本方法

动态生成是生本课堂的必然要求，正如叶澜教授提出的"必须从更高的层次——生命的层次，用动态生成的观念，重新、全面地认识课堂教学"。那么，教师在课堂上该如何捕捉和挖掘动态生成的教学资源呢？

笔者认为，至少可以从下面四个方面入手。

（一）质疑问难处生成

"疑者，觉悟之机也，一番觉悟，一番长进。"可见，学生在交流和讨论中，面对疑处，敢于提出自己的看法，做出自己的判断，是有效提升思维水平的极好时机。因此，当课堂中出现了学生的质疑问难，教师不能轻描淡写处之，更不能置之不理，而要保护好学生的求知欲，随机应变，因势利导，巧妙点拨，使之转化为新的教学资源。

【案例1】"凸透镜成像"教学片段

投影仪成像的特点是什么？课堂上，师生通过实验和分析，得出了投影仪是成"倒立的、放大的实像"这一结论。

……

"不对，投影仪成像应该是正立的。"学生甲突然举手，提出了自己的反对意见。

"何以见得？"教师显然颇感意外。

"教室内投影仪投出的像不就是正立的吗？！"他的回答干脆利落且依据十足。教室内气氛有些尴尬，不解、惊讶、赞许……学生中涌现出了各种表情。

"之前学习的平面镜成像是正立还是倒立的？"

学生乙："要看情况，平面镜有时是正立的像，如照衣镜；有时呈倒立的像，如水中倒影。"

教室内一下炸开了锅，同学们七嘴八舌，议论纷纷，教师在一旁也是瞠目结舌。

（显然，关于像的正倒立判断，学生的质疑不是个别的，因学生的认识存在差异，此时完全有必要调整一下教学过程，完善学生的认知。）

老师趁势引导："难道书本上有错？"

"至少书本上讲得不全面。"

"有道理，凸透镜所成的像是正立的还是倒立的也要看情况，如照相机、投影仪、放大镜，我们看到的像都是正立的，光具座的光屏上烛焰的像是倒立的。"

"似乎又不对，难道正立还是倒立是拿来看的？"

"不看怎么去判断正立还是倒立呢？"

"我觉得应该是比出来的。把它和物体去比！"

"对！要把所成的像和物体去比，若同方向的是正立的，若反方向的就是倒立的！"

"对！对！像投影仪，屏幕上的字是正的，是因为胶片倒放。所以投影仪成的是倒像。"

"水中倒影中的像不是倒像，因为它和物体比方向是一致的，所以是正立的像。"

"这就好比判断凸透镜和凹透镜对光的作用，反射光线要相对于原来的光路而言的。"

在这一教学过程中，学生的一次质疑，使课堂变得丰富多彩；教师的一次生成，使学生的学习变得豁然开朗。学生的大胆质疑、主动建构和老师的机智应对、巧妙点拨，催生了这次充满智慧的生成。

（二）错误失败处生成

学生的学习伴随错误和失败，教师的教学组织也不可能一帆风顺。美国教育家杜威说过："失败是有教导性的，真正懂得思考的人从失败和成功中学到的一样多。"这说明，错误失败，是师生的准经验，是被忽视而又亟待开发的宝贵资源。有经验的教师善于将错误和失败转化为教学资源进行生成利用：或"导"，寻找"错误失败"中合理的因素，把错误失败引向正确；或"借"，让"错误失败"继续发展下去，最终使学生自己从失败中发现错误，探求错误失败的原因；或"比"，将"错误失败"和"正确成功"进行比较，让学生通过分析判断得出结论。

【案例2】"物质的鉴别"教学片段

学生刚学完酸、碱、盐的性质，紧接着老师上了一节"物质的鉴别"专题课。

师：用什么方法鉴别三瓶无色溶液：盐酸、氢氧化钙和氯化钠？

生1：分别取少许溶液，再滴加紫色石蕊试液。变红的是盐酸，变蓝的是氢氧化钙，不变色的是氯化钠。

生2：用pH试纸，变红的是盐酸，变蓝的是氢氧化钙，不变色的是氯化钠。

生3：分别取少许溶液，再滴加碳酸钠溶液。有气体生成的是盐酸，有沉淀生成的是氢氧化钙，没有变化的是氯化钠。

生4：用碳酸钡溶液……

（看着学生纷纷举手发言，鉴别方法众多，老师既为学生的聪慧感到欣慰，也为自己前阶段有效的教学感到自豪。）

"老师，我还有一种方法！"

"哦，什么方法？具体说说看。"（老师显然有些惊讶，因为，在老师看来，鉴别这三种物质不外乎就是以上四种方法。）

"用无色酚酞试液，变红的是氢氧化钙……"

"不对！""不对"……还没等他说完，台下就出现了不少反对声音。

（老师也意识到，该同学受紫色石蕊试液性质的影响，误认为无色酚酞与紫色石蕊试液一样，在酸、碱、盐溶液中有着不同的反应现象。这是一个学生易混淆的知识点，很可能不是个别现象，完全有必要让学生再来一次"观念冲突"。）

"下面，我们就请这位同学上台再用桌上的仪器具体演示一下吧。"

教室里有些静，有的同学很不服气，有的同学显得不屑一顾，也有同学一脸茫然……

实验结果，让这位学生显得有些难为情，但同时脸上却出现了满足的笑容。

"不加任何试剂，可不可以相互反应将三种物质鉴别出来？"台下，有同学在嘀咕。（老师显得更兴奋，虽然用这种方法不可能鉴别出这三种物质，但却是鉴别物质的一种很好的思维方法。）

"那就让我们先一起来试试吧。"

同学们兴致盎然，动手做起了实验，当然，实验结果没有如那个同学所愿。最后，师生通过对三种物质性质的分析，也印证了实验结果的正确性。

面对学生的错误，老师没有回避，也没有简单处置，而是以一种"宽容"的姿态，从生成教学资源的角度，让学生通过实验行动来再现和体验学习中的错误，一方面激发了学生的思维，另一方面也让学生得到了积极的学习情绪体验。

（三）意外事件处生成

"课堂应是向未知方向挺进的旅行，随时都有可能发现意外的通道和美丽的图景，而不是一切都必须遵循固定线路而没有激情的行程。"（叶澜语）由此可见，课堂教学出现意外是难免的，也不可怕，关键要看教师能否正确应对。如果教师能直面意外，发现意外中的教育"生长点"，意外不仅不会成为麻烦，反而会演变为有价值的教学资源，成为课堂生成的一道"美丽图景"。

【案例3】"实验室制取二氧化碳"教学片段

课堂教学内容是用稀盐酸和石灰石制取二氧化碳并检验二氧化碳的特性，该实验操作相对简单，实验现象也应是清楚的。但当教师把产生的气体通入澄清石灰水时，实验现象与预期完全相反——澄清石灰水没有变浑浊。教室内顿时一阵喧闹，学生们议论纷纷，老师也一时陷入尴尬中。好在老师教学经验足，没有被这意外"吓倒"，稍作冷静，就意识到最大可能是错拿了浓盐酸，眼睛一扫试剂瓶标签，确定了自己的判断。但老师没有立即告诉学生原因，更没有随便搪塞不管，而是顺水推舟，借势引导，组织学生讨论分析石灰水没有变浑浊的原因，有学生认为是氢氧化钙变质了，有学生认为是盐酸浓度过高……教师再组织学生一一检验判断，最后找到了真正原因所在。

这一教学片段中，老师面对意外，从容应对，将意外变成了新的教学资源，把教学的问题转化成了教学的亮点，不仅达到了之前预定的教学目标，还使学生理解了药品选择对实验结果的重要性，也进一步体验了科学研究的严谨性。

（四）空白探究处生成

科学课程本质上是由科学知识、图示材料、实验和习题等组成的一个文本系统。接受美学理论认为，文本的意义充满了未定性：一方面，因为文本自身存在着创作中的空白；另一方面，因为读者（师生）与文本的对话是一种不对称的交流，这种不对称的交流，产生了许多空白和未定点。因此，在科学教学中，要引导学生从教学内容、教学手段、教学方法等方面对课程文本进行深层次的挖掘，挖掘课程文本的空白，实现课堂教学的动态生成。如在"研究影响电磁铁磁性强弱的因素"一节教学中，笔者利用教材空白（教材给出了实验原理、电路图和两个基本步骤，但对实验过程的设计、方法的选择和如何组织实验等未给出一个具体的范本）进行生成性教学，产生了意想不到的教学效果。

【案例4】"研究影响电磁铁磁性强弱的因素"教学片段

······

教师：影响电磁铁磁性强弱的可能是哪些因素？它们之间有什么关系？

（学生分组讨论交流。）

学生A组：可能与电流大小有关。如2A电流产生的磁场相当于两个1A电流产生的磁场合在一起，因此，电流越大，电磁铁的磁性越强。

学生B组：可能与线圈匝数有关。如两个50匝线圈产生的磁场合在一起就是100匝线圈产生的磁场，因此，线圈匝数越多，电磁铁磁性越强。

······

教师：在实验中，每一步如何来进行变量的控制？

······

教师：回答得很好！如何设计实验电路图呢？这里需要解决三个问题。请同学们思考。

（教师通过投影仪给出以下三个问题，学生按组进行讨论。）

（1）用什么方法可以判断电磁铁磁性的强弱？

学生A组：用大头针或小铁钉，判断它能吸起的数量。

学生B组：用铁屑，判断它能吸起多少（用天平称）。

学生C组：弹簧秤下挂铁块，靠近电磁铁，观察弹簧秤的读数变化有多大。

学生 D 组：橡皮筋下挂铁块，靠近电磁铁，观察橡皮筋长度变化有多大。

（2）怎样改变通过电磁铁线圈的电流？

学生 E 组：改变电阻（用滑动变阻器）。

学生 F 组：改变电压（用增减干电池数量）。

（3）用什么方法可以判断通过电磁铁线圈的电流大小变化？

学生 G 组：用电流表直接测电流大小。

学生 H 组：串联小灯泡，通过灯泡亮度来反映电流大小。

教师（对学生的高质量回答满怀喜悦之情）：很好！真不错！下面我们就一起来实验。

不难看出，在生成性教学中，学生的主体性地位得到更大的尊重，在老师一个个开放性问题的引导下，学生的思维进入最活跃状态，参与的学生多，生成的资源多，课堂成了学生大显身手的舞台。

总之，动态生成的课堂是开放的，在教学内容中允许纳入未曾预料的弹性拓展，在教学过程中允许接纳始料未及的体验，在师生互动中允许接受即兴创造。也唯有这样的课堂才是理想的课堂，因为它尊重了师生的生命需求，充满了生命力。

第九讲　情境教学

　　情境教学是一种通过一定的背景材料设置问题，并以问题的解决作为教学任务指向的教学方式，因此，情境教学通常也叫问题情境教学。问题情境是在教学实践中指向教学内容的背景材料，是经过教师个体加工的特殊的微观教学背景。其在教学中的作用是多方面的：直接作用是能有效改善教学环境，为教师的教和学生的学提供丰富的内容素材；间接作用是能满足学生发现和发展的心理需求，帮助学生自主建构认知活动和情感活动。鉴于此，问题情境教学已成为当前教师常用的一种有效的教学方式。

　　在科学教学实际中，一些教师由于对问题情境概念和特性在认识上存在模糊，在实践和策略的选择上显得不够成熟，存在不少问题，导致"情境效应"弱化，对此，有必要做更进一步的研究和探讨。

一、问题情境内涵

问题情境是指在具体的客观环境中个人自己察觉到的一种"有目的但不知道如何达到"的心理困境。问题情境就是一种心理状态，是一种当学生接触到的学习内容与其原有认知水平不和谐、不平衡时，学生对疑难问题急需通达解决的心理状态。问题情境和问题不是同一个概念，但是两者又有联系，问题情境的创设必须围绕具体问题，没有了问题，学生就不会产生心理困境，问题的提出和产生又必须以问题情境为基础，没有具体的问题情境，问题就没有指向性、应用性，因而也就缺乏实际价值。

二、情境教学意义

（一）改善学生学习行为，促进有意义学习

情境教学常常以问题解决为核心和线索，问题解决总是围绕具体的问题展开的，而问题解决起源于问题的提出，因此，提出问题作为课堂教学的重要环节，在整个学习过程中起着至关重要的作用。在这一过程中，学生若具备较强的问题意识和创新精神，能够发现、提出有价值的问题，就能自主建构认知活动和情感活动，促进学习过程的展开。

（二）培养学生问题意识，促进学生思维提升

创设问题情境就是在教学中创造一系列"愤悱点"，通过设疑、启疑、探疑、释疑，引导学生思考，使学生动脑动手抽象概括、归纳演绎、发散集中、验证判断，使整个教学过程充满生机和活力。因而创设问题情境的实质就是在讲授内容和学生求知心理间制造一种"不协调"，将学

生引入一种与问题有关的情境中。而问题意识是指学生在认识活动中，意识到一些难以解决的、疑惑的实际问题或理论问题时产生的一种怀疑、困惑、焦虑、探究的心理状态，这种心理状态驱使学生积极思考，不断提出问题和解决问题。可见创设良好的问题情境，是培养学生问题意识的基础和前提。在科学教学中，学生问题意识的培养，更需要科学教师利用适宜的问题情境，积极调动学生的观察力、注意力、记忆力、想象力、思维力及动手操作能力，突破思维惰性与定式的局限，使学生逐步养成好问、多问、深问、怪问的思维习惯，为培养勇于探索、追求真理、发明创新的精神，发展求异思维和创造思维，进而为提高创造性思维能力奠定坚实的基础。

（三）优化教学环境，提升教学效率

问题情境是在教学实践中指向教学内容的背景材料，是经过教师加工的特殊的微观教学环境。它能够激发和促进学生的情感活动、认知活动和实践活动；能够给学生提供丰富的学习素材，有效地改善教与学；能够丰富学生的体验和情感，满足学生发现和发展的心理需求，激发学生去积极思考、主动探究，不断地发现问题和解决问题，从而实现对知识的自主建构。

三、情境教学理论基础

（一）建构主义学习理论

建构主义认为，知识不是通过教师传授得到的，而是学习者在一定的情境即社会文化背景下，利用必要的学习资料，借助其他人的帮助，通过意义建构的方式获得的。因此，"情境""协作""会话"和"意义

建构"是学习环境中的四大要素或四大属性：学习总是与一定的社会文化背景即"情境"相联系，在实际情境下学习，可以使学习者主动利用自己原有认知结构中的有关经验去同化和顺应当前学习的新知识，从而赋予新知识以某种意义；如果原有经验不能同化新知识，则引起"顺应"过程，即对原有认知结构进行改造与重组。总之，通过"同化"与"顺应"才能达到对新知识意义的建构。在建构主义学习环境下，教学设计不仅要考虑教学目标分析，还要考虑有利于学生意义建构的问题情境的创设，并把情境创设看作教学设计最重要的内容之一。

（二）问题教学理论

问题教学理论是苏联著名的教学理论家马赫穆托夫于 1972 年首次提出的，后由其本人做了进一步完善。他认为，问题教学是发展性教学的高级类型，在这种教学中，学生从事的是对话设计和认识性作业，这些对话设计和认识性作业需要由教师系统地创造一些问题情境，并组织学生为解决教学问题而进行活动，同时也将学生的独立探索活动与掌握已确立的科学结论最优地结合起来。马赫穆托夫还认为，在教育学中，问题情境并非一般地被看作与思想进程遇到意外"障碍"相关的那种智力紧张状况，而是在一定的教学情境中，由于学生以前所掌握的知识或实践活动方法在客观上不足以解决已产生的认识任务时，所引起的那种智力困窘状况。意外的困窘总是使人感到惊异、困惑，并促使人进行智力探索。另外，马赫穆托夫认为并不是所有的困窘都能产生问题情境，如果引起困窘的新知识与过去的知识和实践经验是无联系的，那么这种困窘就不会是问题性的。问题情境与普通困窘的区别在于，学生好像"感觉到"引起困窘的对象（概念、事实）同他以前所了解的（该知识领域中的）某种概念与事实之间存在着内在的联系。在此基础上，马赫穆托夫还指出，问题情境的类型及其创造方法是多种多样的：第一种，听课者不知道解决所提任务的办法，不能回答所提问题，不能解释新的事实等。第二种，听课者必须在新的实际条件下使用以前他们所掌握的知识。第三种，如果出现了以上的矛盾，虽然所选择的方法在理论上是可能解决任务的途径，而实际上却是不可实现的。第四种，如果出现了以上矛盾，虽然在实际上达到了解决任务的结果，而学生却缺乏从理论上进行论证（解释）的知识。这是对问题情境较为深刻、具体的阐述了。

四、当前情境教学中存在的问题

问题情境教学已成为当前教师常用的一种教学方式。然而，在科学教学实际中，一些教师由于对问题情境概念和特性在认识上存在模糊，在实践和策略的选择上显得不够成熟，存在不少问题，导致"情境效应"弱化。下面以笔者平时在课堂上观察和记录的一些教学片段为例，就情境教学存在的问题进行分析。

（一）实际偏离

在一些科学课堂教学中，为了让学生在情境体验中加深对问题的理解，教师常常会创设"假如……"诸如此类的虚拟问题情境，但有时由于角色设置不当，学生缺乏生活体验，学生往往无所适从。

【案例1】组内一次"地球自转"主题研讨课

……

教师通过活动和讨论分析得出地球是自西向东运动后，提出一个问题："假如你在宇宙飞船上看地球，地球会是怎样自转的呢？"学生听了问题后，一脸茫然，教室一片安静。

试问，在座的学生中谁有乘坐宇宙飞船的经历？显然，教师想创设一个情境，让学生作为宇宙飞船上的人，来说明在北极上空和南极上空看地球自转，地球自转方向是不一样的，但教师没有注意到创设的问题情境必须建立在学生已有的经验基础上，脱离学生生活实际的情境是不真实的，也是无意义的。

（二）真情缺乏

好的情境不仅能使问题直观、形象，提高教学效果，而且也能充分活跃学生的思维，使课堂变得生动活泼。但是如果"情"不是真情，而是假意，则将使情境教学黯然失色。

【案例2】学校某教师"惯性"公开课

为了调动学生的学习兴趣，创设了以下情境。

下周，学校将召开第二十五届运动会，为了在运动会上取得好成绩，我们要先来研究以下几个问题。

（1）投掷出去的铅球为什么能在空中继续飞行？

（2）跳远运动员为什么要助跑一段时间？

（3）100米赛跑时，运动员到达终点能否立即停下来？

（4）跳远时，是不是运动员助跑速度越快，跳得越远？

正如意料之中，学生听了这个消息后，学习的状态的确有了改变，听讲认真，回答问题积极。但出乎教师意料的是，下课后很多学生围着老师问：下周周几开运动会呀？什么时候开始报名呢？由于这一情境是教师为教学需要而特意伪造的，教师只好敷衍道："没这么回事，老师编造的。""啊？！老师也会骗人！"学生顿感失落。

上述情境，从教学效果来看，似乎起到了应有的作用，达到了教学目的，但透过情境，我们不由得怀疑该情境真正的教育价值。以牺牲教师的诚信为代价，这样的情境，以后不管教师编造得多真实，在学生心中也只能是美丽的谎言，他们还会再信吗？

（三）有境无情

很多时候，特别是习题化教学中，教师为了使问题生活化，会创设一个问题情境，但是由于情境中情感含量少，境也变得十分干瘪和生硬。

【案例3】溶液的配制和物质的检验

"学校实验室需要配置100克的0.9%的食盐水，怎样利用10%的食盐水来配制？""某化工厂生产了一批氢氧化钠，为了检验是否变质，如何设计实验验证？"

这两个问题有境无情，很难引发学生的情感活动。学习过程是一个知、情、意、行等相互交织、协调发展的过程，知识的掌握、能力的训练都需要情感的参与。充满积极情感的问题情境有利于激发学生学习的内驱力，促进学生主动地学习，使学生在现实环境与主体活动的交互作用中获得全面的发展。例如，在学习配制一定质量分数的食盐溶液的内容时，如果教师能够从医生常常给病人输生理盐水的情境引入，境就有了情的成分，情境效应会得到凸显。

（四）本质淡化

在教学中，创设生活化问题情境有利于促进学生的情绪体验，本身是情境教学所应该追求的，然而，教师如果不去关注这些生活化的情境与所要提出的问题的适切性，不去考虑与学生认知水平是否相适应，学生在把实际问题转化为科学知识时就会遇到很大的障碍，教师苦心经营的教学情境，不但不能促进学生的学习，反而可能影响教学效率，成为学生学习的"绊脚石"。

【案例4】"力的作用是相互的"主题研讨课

某位教师在讲"力的作用是相互的"时，为调动学生的学习兴趣，特意准备了一个师生现场制作水火箭并进行演示的实验：在一个大可乐瓶内装入 1/4 水，把橡皮塞塞上，再将打气针插入橡皮塞中，然后用气筒往可乐瓶里打气，不一会儿，可乐瓶内的水喷了出来，可乐瓶火箭也飞了出去。教师意图很明确，想借这个实验，让学生思考：可乐瓶火箭为什么会飞出去呢？进而产生"力的作用是相互的"的认识。然而，在实际课堂教学过程中，由于学生对力的认识还不够深入，加上实验现象短暂，多个物体存在力的作用，初中学生根本无法进行现象的归纳综合，更谈不上将复杂的实验现象抽象出简单的科学概念和问题。因此，教师在把这一科学现象转化为一个科学问题时就颇费功夫，尽管老师再三引导启发，不少学生还是一筹莫展，最后还是老师自己边讲解边分析，把现象转化为简洁的科学问题。

创设问题情境的目的是为学生学习搭起"脚手架"，帮助学生进行意义的建构，最终促进教学目标的达成。然而，上述问题情境虽来源于生活，但由于实验过程和现象相对复杂，学生的注意力和精力过多停留在将这个实际现象转化为科学问题上，在很大程度上干扰了主要内容的探究，实为喧宾夺主，偏离主题。科学是要化繁为简，不是弃简从繁，让学生感到一头雾水。

（五）深度不足

诗人作诗、画家作画时，为了完成某项任务，有时会不追求质量，出现随手应景之作。一些教师在创设问题情境时，也存在着类似的现象，为"境"做"境"，而不去考虑思维深度。

【案例5】"地球仪"一节主题研讨课

一位教师在执教"地球仪"一节时，先用多媒体展示了电影《泰坦尼克号》的一段画面：在汹涌的海面上，泰坦尼克号眼看就要撞上冰山，船上的工作人员在紧张地采取措施进行避让，并通过无线电向外发出呼救……最后船还是被冰山拦腰截断。至此，教师话锋一转说："当船快要撞上冰山时，船上的工作人员在寻求自救，如果你是船上的工作人员，你如何发出求救信号呢？""其实，工作人员首先要报告事故的地点，今天我们就来了解与地点有关的知识——地球仪。"

【案例6】"汽化和液化"一节主题研讨课

某老师在讲授"汽化"概念时，创设了以下情境：在足球比赛中，当有运动员受伤倒在地上时，医生会立即跑过去，对准球员的受伤部位喷射一种液体，以使受伤部位表面温度骤然下降，进行局部冷冻麻醉，片刻，运动员便又重新回到了比赛中。同学们，你们知道医生用的是一种什么药？这种药为何如此神奇？

对于案例5，严格来说，创设的问题情境没有设计真正的问题，而且让人感觉不到所创设的情境与教学内容有太大关系。案例6中，老师本意是想通过氯乙烷这种物质汽化吸热来说明汽化的特点，应该说这是一个好的情境，但由于教师忽略了对问题的深入挖掘，设计的问题缺乏深度，俨然成了应景之作。

有鉴于此，以科学课为例，进行问题情境有效创设研究具有必要性和迫切性。

五、问题情境有效创设的原则

从上述实践中，我们充分认识到，有效的问题情境应该是将问题作为"刺激"因素，让学生置身于特定的问题环境中，以营造一种质疑、探究、讨论、和谐互动的学习氛围，从而促进教学活动的顺利进行。基于此，我们针对如何有效创设问题情境总结出了以下几条原则。

（一）问题情境要摒弃虚假，注重真实性

真实性是问题情境最重要的特征。将问题置于一个真实的背景中，可以缩小知识与解决问题之间的距离，有利于知识和能力的迁移。桑代克的迁移理论指出，人们在特殊情境中所需要的每一种知识、技能，一定要作为一种特殊的刺激—反应的联结来学习，在联结过程中，迁移便产生。建构主义的知识观则认为，知识并不一定就是对客观现实的准确表达，而是学生个体基于自己的经验背景构建的一种解释、假设。不难发现，这两种理论都强调学习要在具体、真实的背景中进行。那么，作为学习开始的问题提出，也应符合这一要求。事实上，问题情境的真实性在某种程度上决定了学生学习的有效性和知识运用的可能性。问题情境越真实，学生建构的知识就越可靠，知识建构的过程就越顺利，知识在真实的情境中运用也就越容易。现实中，许多学生在运用知识解决实际问题时感觉困难，很大一部分原因是在他们的学习经历中缺少了有意义的真实情境。案例1和2中，虚拟和伪造的情境都缺乏真实性，不仅让学生产生了一次虚无的情绪体验，而且冲击了学生的价值体系。案例1中，教师若以"神舟九号"飞船成功发射为背景，创设问题情境：我国三名宇航员在飞船上看到的地球是怎样自转的呢？或以一个旋转的地球仪为背景，让学生直接俯视和仰视观察地球仪旋转差异，从而了解地球

自转方向，应该更符合学生认知背景。案例 2 可以改为以平时在进行的课间活动为背景设置相应的问题，这样一来，问题背景真实，且同样能达到效果。

因此，在初中科学教学设计中，教师将问题的提出融于知识产生或应用的真实情境中，无疑是情境创设的最佳途径和方法。

（二）问题情境要淡化形式，追求科学性

问题情境要有科学性，这是科学课程的本质要求。所谓科学性，这里包含两方面的含义：一是有价值。即蕴含问题的背景知识是实际生产或生活中客观存在的，符合科学规律或事实，具有科学价值或意义，能引发学生的情感体验和价值思考。二是适用性。即创设的问题情境在着眼于从学生实际生活出发的同时，必须充分服务于教学内容，前者是辅助的，后者是主体，不能颠倒主次。非生活化的和与教学内容要求相背离的生活化情境，都只会使学生记住了情境本身，忘记了所学的知识。正如案例 4 和 5 中，为了情境而创设情境，忽视教学目标的要求，忽视科学本质，最终结果只能是弱化教学内容，影响教学目标的实现。案例 4 中，如果改为演示"两手各持一个皮球，并相互挤压"的实验，通过观察皮球都变形，认识到力的作用是相互的，既直观形象（现象停留时间长）、简单明了易懂，又紧扣教学内容，突出科学本质，有利于教学目标的实现。

（三）情、境与问题三者要有机结合，追求完整性

所谓完整性，是指问题情境中的问题、情和境三者是一个整体。一方面要求境和情连贯一致，有境无情的情境是不完整的。正如案例 3 中，情境直接指向知识，学生缺乏体验，对知识的理解就可能变得肤浅、苍白。教师若能从病人患严重感冒时，医生常常会给病人输生理盐水的情

境引入，则更有利于激发学生的学习欲望，增加学生对配置一定质量分数溶液的感性认识。

另一方面要求问题和情境有机结合。在问题情境创设中，问题是核心，也是问题情境的价值所在。教师在创设问题情境时，不能只是为所学的内容"戴个帽子"，一定要重视问题的设计和研究。要善于在情境中设计具有驱动性的问题，以引发学生的认知冲突，激发学生的求知和探究的欲望，并通过问题来驱动课堂教学，引导学生在不断分析问题、解决问题的过程中获取知识、掌握方法，体验学习的乐趣。案例6中创设的问题情境，问题设计不够深刻，导致问题情境的教学效应大打折扣。若在创设上述情境时，能够设计这样两个问题：这种液体喷出后发生了什么变化？为什么能够使"受伤部位表面温度骤然下降"？则能有效驱动学生对汽化的学习。

（四）问题情境要与学生原有认知结构相匹配，实现适切性

所谓适切性，是指问题情境要和学生的心理认知水平相匹配。建构主义认为，学生学习新的知识是建立在已有的知识经验基础之上的。皮亚杰的适应理论也指出，认知冲突的产生是由于已有图式和新的经验形成了一种不平衡的状态，两者之间既有和谐的因素，也有不和谐的因素，当达到中等程度的不符合时，学生的兴趣最大。科学教学中创设的问题情境，正是皮亚杰所描述的那种"已有图式和新的经验之间具有中等程度的不符合"的情境。这就要求科学教学中创设的问题情境应与学生已有的认知结构相匹配，即要从学生的"最近发展区"出发，在"现在"和"将来"之间设置合理的台阶，使学生"跳一跳"都"摸得到"。唯有如此，才能促使学生实现知识与技能的迁移，提高学生在新情境中解决实际问题的能力。如何做到这一点呢？笔者认为，教师关键是要把握

设计的问题的难度和梯度，以适应学生原有的知识背景。很多教师采用问题情境教学收不到好的效果，一个重要原因就是设计的问题难度过大，或问题背景与学生已有发展水平差距太大。案例4中，学生之所以不能从实验现象中归纳出力的本质特性，正是因为学习材料背景和学生已有认知之间缺少"台阶"，如果能将现象分成两步并设置相应的问题：水往哪边运动，谁给它施加了力？力的方向怎样？可乐瓶往哪边运动，谁给它施加了力？力的方向怎样？两个力之间有什么联系？学生的思维"脚手架"就搭起来了。这就要求教师在创设问题情境时，应先熟悉教材内容和结构，了解新旧知识的内在本质联系，并充分了解学生的已有经验及智能水平，在此基础上，再采取直观、简单、形象的方式来设置和呈现问题情境，如此才能最大化地实现问题情境在学生学习中的积极影响。

六、问题情境有效创设的途径

（一）新授课中的问题情境

"兴趣是最好的老师。"新授课的教学过程中，我们结合教学内容创设合适的问题情境，以问题解决为出发点和线索，不仅能引发学生的认知冲突，激发学生的学习兴趣，还能使学生体验科学探究的一般过程，培养学生发现问题、提出问题的能力。

1. 教学活动开始时的问题情境

这一阶段的问题情境分两种类型：一种是主要起激发学生的认知冲突和学习兴趣作用的问题情境，也就是我们常说的"导课"阶段的问题情境；另一种问题情境虽然出现在教学的起始阶段，但它蕴涵的问题实际上贯穿于整堂课的教学过程，是教师教和学生学的出发点，也是教学目标的指向所在。

【案例7】"电的安全使用"教学片段

教师创设了一个真实的生活情境：利用多媒体展示自拍的廊桥夜景，让学生直接感悟电的重要性；然后展示了几幅绍兴地区由于用电不当引起的触电事故图片，画面触目惊心，由此，教师提出问题：

（1）只要有电流通过人体就会引起触电事故吗？

（2）怎样使用电才能保证人身安全？

要回答上述问题，我们今天就来学习安全用电相关知识。

2.教学活动过程中的问题情境

这一阶段的问题情境起到承上启下的作用，通过对情境中蕴涵问题的思考、分析和解决，不仅可以使前一阶段所学的知识、技能得到应用，还能在解决问题的过程中使学生产生和提出新的问题，促使探究继续向前、向纵深发展。

【案例8】"新生命的诞生"教学片段

在教师讲到分娩与养育教学内容时，教师没有直接提出分娩和婴儿概念，而是利用多媒体播放了一段胎儿分娩的视频，在学生观看了视频情境后，提出了以下几个问题。

（1）婴儿诞生后要大哭一声，否则，就容易死亡。这一声哭对婴儿起什么作用？

（2）婴儿的脐带剪断后，形成的疤痕叫什么？（人体腹部的肚脐）

（3）婴儿出生后，生存环境发生了很大的变化，他们必须在父母的精心照顾和保护下才能成活，你认为父母对婴儿的照顾和保护，主要有哪几个方面？

（4）你如何理解分娩和婴儿的含义。

【案例9】"力的存在"教学片段

在讲完力的作用效果后,教师开始讲"力的相互性"教学内容,该教学过程中,教师先后创设了五个问题情境,来说明力的作用是相互的。

师:同桌的两位同学互相击打手掌,体会各自的感受。

生:两人都感到痛。

师:通过实验你对力有什么新认识?

板书:力的作用是相互的。

师:如图,汽车撞在栏杆上,为什么汽车自己也受损?

生:因为力的作用是相互的。车给栏杆一个作用力的同时,也受到了栏杆给它的反作用力。但同样大小的力施于不同的物体,产生的效果一般不同。

师:火箭升空的推动力来自哪里?观察图片和视频。

生:火箭发动时,喷气口喷出高温高压的燃气。火箭给燃气一个向后的力,燃气给火箭一个向前的推力,从而使火箭升空。说明物体之间力的作用是相互的。

(教师演示"气球火箭",学生观察,分析实验现象。)

生:气球给空气一个向后的作用力,同时空气给气球一个向前的反作用力。

师:给你一根竹竿,你能使小木船开动起来吗?

生:能。竹竿给岸一个向后的作用力,同时岸给竹竿一个向前的反作用力。

师:还有哪些现象说明力的作用是相互的?

生:游泳、拍桌子等。

3.教学活动结束时的问题情境

在这一阶段创设问题情境的主要作用是通过实际问题的解决使学生将本节课所学的内容整合起来，强化横向和纵向的联系，加深理解，巩固所学的知识，形成知识网络，同时通过实际问题的解决使学生真切感受到初中科学学习的实际意义和价值。

【案例10】"新生命的诞生"教学片段

在"新生命的诞生"课堂教学结尾，教师没有立即总结本节课的教学内容，而是播放了一段"试管婴儿"视频，并设置了以下两个问题。

（1）试管婴儿实质是哪两种细胞的结合？

（2）试管婴儿属于什么样的生殖类型（受精类型和发育类型）？

（二）复习课中的问题情境

复习课一般都比较难上，也难以上好，很多教师上复习课时往往是将学生已学的知识简单地罗列出来，再讲一遍，自己觉得没有激情，学生也因为已学过而觉得索然无味，课堂气氛往往陷于沉闷。教师若能一开始就结合复习内容创设合适的问题情境，不仅能使学生通过问题的解决加深对已学知识的理解和巩固，还能调动学生学习的兴趣，使学生体会到学习的乐趣。

【案例11】"显微镜的使用"的复习课例研究教学片段

以往的教学中，不少教师在复习"显微镜的使用"时只是以一张显微镜练习卷作为样本，对照实验装置图来讲解显微镜使用原理和实验注意点，这样的教学缺乏新颖性，不能调动学生学习的积极性，更谈不上对学生创新能力的培养。本节课，老师改变了以往的做法，她告诉学生她买了一些洋葱，并且展示给学生看，由此引出了构成洋葱的基本结构——细胞，以及观察它的仪器——显微镜，然后要求学生使用显微镜观察洋葱表皮，并给出问题。

问题1：显微镜主要结构有哪些？

问题2：如何制作洋葱表皮装片？

问题3：要观察洋葱表皮结构，显微镜应如何使用？在实验中应该注意什么？

老师组织学生制作和观察洋葱表皮细胞。在实验过程中，学生不仅带着极大的主动性复习了显微镜的使用方法，训练了使用显微镜的技能，同时还复习了如何制作洋葱表皮装片，可谓一举两得。

（三）习题课中的问题情境

不少教师上习题课时采取"呈现习题—学生练习—教师讲解—再呈现习题—再练再讲"的模式，这种教学方式往往使课堂教学比较单调、乏味，学生处于机械的"练习—听讲"循环中，容易感到疲劳，思维不够活跃，学习质量不高。教师如能将要练习的内容与生产生活中的科学问题有机地整合起来，创设出合适的问题情境，不仅可以降低学生的疲劳感，还能大大提高习题课的教学质量。

【案例12】"物态变化"习题课教学片段

据传有一夏天，洋人宴请林则徐，其中一道甜点为冰激凌，因其上白气不断，林则徐以为必烫，故以嘴吹之，谁知入口却冷，洋人以为笑柄；林则徐不动声色，过了几日，回请洋人，其中一道热汤刚刚煮沸，浮有厚油，无一丝白气冒出，林则徐热情请之，洋人一口吞下一匙，顿时龇牙咧嘴，出尽洋相。

问题1：那冷冷的冰激凌上方的白气是由于＿＿＿＿＿＿＿形成的；

问题2：据生活经验，浮有厚油的沸汤比普通开水还要烫，其原因是＿＿＿＿＿＿。

问题的解决过程，实质为学生心理的一个由平衡到不平衡，再到重新平衡的动态发展过程。学生在这个过程中，有强烈的解决问题的欲望，创造力也就在变化中不断形成。

（四）实验课中的问题情境

实验是科学学习的重要内容，也是学习的重要方法。实际教学中，很多教师上实验课的时候是先简要讲一下实验注意点，然后就让学生按实验报告册上的步骤和要求进行实验。这种教学方式简单易行，教师省时省力，基本上不需要怎么备课，但教学效果如何值得怀疑。教师若能一开始就结合实验内容创设恰当的问题情境，以学生的兴趣为起点，以问题、课题、项目为载体，以个性化需求为内容，让学生在解决问题中实验，在实验中发现新问题，发现新问题后再实验，而不是被教师、实验册设定好的框架束缚，就可以增强实验的针对性，有效地提高实验课的教学质量。

【案例 13】"一定溶质质量分数溶液配制"实验教学片段

教师先创设以下问题情境：化工生产和科学实验常需要用到一定溶质质量分数的溶液。现在某实验人员在研究中需要用到 0.9% 的生理盐水（$NaCl$ 溶液），假设你是实验辅助人员，请你用 $NaCl$ 固体、水配制 0.9% 的生理盐水 100 克。然后教师组织学生分组讨论、制订实验方案，在此基础上进行小组互评，补充、修改、完善实验方案，最后学生按实验方案进行实验操作。

七、问题情境有效创设的方法

（一）充分利用实验来创设

实验是初中科学研究的重要手段，也是一种重要的教学方法和学习方式。初中科学实验以其直观性、形象性为学生提供了丰富的感性信息。因此，教学中教师应根据学生已有的认知结构和思维水平，利用实验设置一系列彼此相关、循序渐进的探索性问题，使学生的思维步步深入。

【案例14】"物体浮沉条件"教学片段

"物体浮沉条件"的教学是初中教学的一个重难点。而来自生活中的经验往往成为学生思维的障碍，学生常误认为浮力与物体的质量、体积、密度、物体浸入液体的深度、物体是否空实心以及物体形状有关。为了使学生建立正确的概念，基于初中生的心理特征，教师首先通过多媒体引入海底世界的精彩片段，进而提出问题：为什么有时候浮力大到可以托起一艘万吨巨轮，而有时候又小到托不起一片薄薄的铁片？一艘船从海里驶向河里，浮力有什么变化？浮力的大小究竟跟哪些因素有关？接着演示如下实验：在盛有一定比重盐水的烧杯中，放进一个木块，木块便浮于水面；放进一块石子，石子便沉入水里。放进一个鸡蛋，鸡蛋则悬浮在盐水中，再将此蛋放进清水里，则见蛋下沉，放进浓度更大的盐水里，则见蛋浮在水面上。看到这些奇怪的现象，学生们被深深吸引，激发起了浓厚的学习兴趣和求知欲，由此在心里产生疑问：为什么在同一种液体里放进不同的物体，木块会漂浮，石子会下沉，而鸡蛋却会悬浮？为什么同一个物体放进不同的液体里，浮沉的情况也会不一样呢？这时教师因势利导，引出"物体的浮沉条件"这一新课。正是这样一层一层地循序渐进，学生在实验中得到了答案，更重要的是在实验中提高了探究能力，从而使科学的实验教学得到了升华。

（二）联系生产、生活和科学技术发展中的实际问题来创设

紧密联系生产、生活和当前科学技术发展的实际，利用学生已有的生产、生活经验创设问题情境，激发学生去解释生产、生活中的现象、事实以及它们之间的联系，有利于激发学生理论联系实际、学以致用的意识，培养学生思维的实践性和深刻性。

【案例 15】"眼睛的结构"教学片段

师：我发现我们班有将近 60% 的学生戴了眼镜，你们知道你们所戴的是什么镜吗？

生 1：凸透镜。

生 2：凹透镜。

生 3：平面镜。

老师：同学们，你们认为呢？

我们所戴的眼镜肯定是透镜，不可能是面镜，到底是什么透镜呢？我现在向同学们借几副眼镜，哪个同学能够用实验方法来进行确认？

生 4：老师我能，你只要放我出去，我就能确认。（学生故弄玄虚，不愿讲出方法。）

老师：老师同意你和同桌一起出去（同桌是戴眼镜的），但只给你们五分钟时间（因为教室就在一楼），等会儿你们得把确认的结果告诉我们。

生 5：老师，我不用出去就能确定。我只要把眼镜放到书上，看字有没有放大，如果放大就是凸透镜，如果缩小就是凹透镜，如果不变则是一片平板玻璃。

老师：同学们按照这位同学的方法试一下。

生6：老师，我也有办法。我只要用眼睛观察比较一下镜片是中间厚还是四周厚。如果是中间厚是凸透镜，反之则是凹透镜。

老师：学生6的办法有道理吗？请同学们也试一下。

生4：老师，我们实验的结果是凹透镜。我们的方法是：把眼镜放在太阳底下，看它对太阳光是否有会聚作用，如果能把太阳光会聚成一点的是凸透镜，而不能会聚成一点的是凹透镜。

老师：通过实验，我们已经能够确定我们所戴的眼镜是凹透镜。那为什么近视眼要佩戴凹透镜呢？要弄清原因，首先得了解眼睛的结构。

该教学片段通过学生对镜片的探究，一方面复习了凹透镜和凸透镜的相关知识，另一方面也使学生了解了自己所佩戴的眼镜是凹透镜的结论。但为什么近视眼要佩戴凹透镜，远视眼要佩戴凸透镜？这使学生困惑不解，学生迫切想知道这是为什么。

这时学生的需要被唤起，动机被激发，思维受到了冲击，学生产生了进一步学习的强烈愿望。

【案例16】"酸的性质"教学片段

在"酸雨"知识的教学中，首先让学生阅读以下材料：① 1872年，英国化学家史密斯首先提出了"酸雨"一词，直到20世纪40年代，酸雨问题才引起人们的广泛关注。② 1972年6月5日，具有历史意义的人类环境会议在瑞典首都斯德哥尔摩召开，通过了著名的《人类环境宣言》，并确定每年6月5日为"世界环境日"。从1974年起，每年由联合国环境规划署确定一个主题，开展"世界环境日"的活动，其中1983年的主题是防治酸雨。③ 1985年，几场酸雨过后，我国重庆市奉节县9万亩华山松全部枯死，重庆市开州区2.7万亩马尾松死亡过半。然后提出问题：

1.什么是酸雨？

2.酸雨有什么危害？

3.酸雨的危害如此之大，造成酸雨的罪魁祸首是谁呢？

（三）通过科学发展过程中的史实材料来创设

著名化学家傅鹰教授认为，科学可以给人知识，科学史则可以给人智慧。在初中科学教学过程中利用初中科学史料创设问题情境，不仅可以使教学不再局限于现成知识本身的静态结果，而且可以追溯到它的来源和动态演变过程，使情感活动与认知活动相结合，揭示出反映在认识过程中的科学态度和科学思想，使学生从中感悟到科学家发现问题、进行推理判断、提出假设进行验证的科学思维过程，培养学生实事求是的科学态度、科学精神，掌握科学研究的方法，形成知识体系，并能学以致用。

【案例 17】"空气"教学片段

在讲空气的成分时，教师用计算机模拟氧气的发展史。片段一：1773 年，舍勒用两种不同的方法制得"火气"（氧气），并用实验证明空气中也存在"火气"。片段二：1774 年，普利斯特里用大凸透镜加热"汞锻灰"（氧化汞），收集并研究了"脱燃素空气"（氧气）。片段三：拉瓦锡在密闭容器中加热水银（汞），得到红色粉末（氧化汞），收集红色粉末，再加强热，得到氧气，从而证明空气中含有氧气。通过模拟实验重现初中科学历史，既节省时间，又能让学生感受在追求真理的道路上科学家表现出来的既理性又缜密的思维过程以及实事求是的科学态度。

（四）通过学生思维矛盾冲突来创设

学生在学习初中科学时，时常会受到一些"前概念"或"旧常概念"的负面影响，从而引起"负迁移"，产生学习障碍。教师如果能够因势利导，利用矛盾引发的"认知冲突"来创设问题情境，不仅可以纠正学生的错误认识，在学生"同化"和"顺应"新知识的过程中加深其对初中科学知识和规律的理解和掌握，还可以很好地培养学生的问题意识和创新思维，激发学生的学习兴趣。

【案例18】"光的反射和折射"作业讲评

光的反射和折射现象及规律，是科学七年级（下）第一章的重点和难点内容。在学习了光的折射知识后，由于记忆的前摄和后摄交互作用，学生对生活中的反射和折射现象的区分出现了障碍。对此，教师有预测，并在授课时，对两者关系做了比较。但出乎教师意料的是，相当一部分学生在做这类作业题时仍出错。为此，教师在新课教学前特别安排了一个"如何判断光的反射和折射现象"专题内容，并创设了下面一个情境：

某同学在湖边玩，他站在岸上向水中能看到：①岸上的树；②水中的鱼；③空中的白云；④自己在水中的倒影。他看到的景物中，属于光反射形成的是＿＿＿＿＿＿，属于光折射形成的是＿＿＿＿＿＿。

对此，学生困惑：水中的鱼和水中的白云、倒影，都在水中，为什么一个是折射现象，一个是反射现象呢？由于不能正确理解两种像形成的原因，自然就猜测或乱蒙。面对学生的矛盾冲突，教师没有回避，也没有简单处置，直接给出正确答案，而是从矛盾冲突背后看到了学生对这部分知识仍存在理解上的困难。这是一次提升学生认知的极好机会。于是，教师通过创设生活中的情境，组织学生讨论，议错、辩错、改错，最终使学生较好地理解了两者的关系，课堂检测中，学生成绩也非常好。

第十讲　教学资源

　　科学作为一门新课程，教材不再是唯一的，教学的目标也不仅仅是获取知识——除知识与技能外，过程与方法，情感、态度、价值观的形成都成了课程目标的重要内容。因此，仅仅依靠课本、教材中的知识很难涵盖所有目标要求，单纯依靠课堂，也很难实现课程目标任务。因此，课程资源的开发和利用就成了课程实施的基本条件，也成为科学教师课堂教学的基本要求。课程资源开发和利用的关键是老师们是否拥有"课程意识"和"开发能力"。

　　　　对学生来说，学习的内容不仅来自校内，也来自校外；不仅来自课堂，也来自课外；不仅来自教材，也来自与老师和同学的交往、各种媒体及日常生活。凡是能让学生获得知识、信息、经验、感受等的载体与渠道都可以是学习的资源。学生的这些学习资源，教师应善于捕捉并将其转化成课程教学资源，如此，教学就由教师控制课堂的预设过程变成了师生共同建设、共同发展的过程。

素。当然，把课程资源划分为素材性资源和条件性资源更多的是为了说明问题的方便，两者并没有绝对的界限。现实中的许多课程资源往往既包含着课程的素材，也包含着课程的条件，比如图书馆、博物馆、实验室、互联网、人力和环境等资源就是如此。

（二）按照课程资源的空间分布特点划分

校内课程资源：包括课堂与课外，实物形态的有图书馆、实验室、专用教室信息中心等；校内人文资源，如教师群体特别是专家型教师、师生关系、班级组织、学生团体、校纪校风、校容校貌等；与教育教学密切相关的各种活动，如实验活动、座谈讨论、文艺演出、社团活动、体育比赛、典礼仪式等。

校外课程资源：包括学生家庭、社区乃至整个社会中各种可用于教育教学活动的设施和条件以及丰富的自然资源。比如，社区的图书馆、科技馆、博物馆、纪念馆、气象站、地震台、水文站、工厂、农村、部队以及科研院所等。

就利用的经常性和便捷性来讲，校内科学课程资源的开发与利用应该占据主要地位，校外课程资源则起到辅助作用。以往我们忽视了社区和家庭等校外课程资源的开发与利用，今后应该引起高度重视。就整个基础教育范围而言，"校内为主、校外为辅"将是开发与利用科学课程资源的基本策略。

三、家庭课程资源的开发与利用

（一）善用家庭物品

科学教育要真正面向全体学生，做到"科学为大众"，就必须珍惜学生已有的知识和经验，选择学生熟悉的生活和科技问题作为教学的起点。这样，才能很好地激发学生学习的兴趣，引导学生掌握科学知识和学习过程，从而理解科学。心理学研究表明：当学习内容和学生熟悉的生活背景越贴近，学生自觉接纳知识的程度就越高。家庭物品是学生熟悉的物品，若在教学时能利用家庭物品作为课程资源，不仅能促进学生主动地学，而且有利于学生形成应用科学知识解决生活实际问题的意识。例如，电茶壶是家庭常见的用品，其中就蕴含着各章节相关的科学知识（如表10-1）。

表10-1　电茶壶中的科学知识

序号	现象	科学知识运用
1	电茶壶烧水时沸腾前和沸腾时发出不同声音	声音的产生
2	电茶壶烧水时冒"白气"	汽化、液化
3	电茶壶烧水时不能装满水	液体的热胀冷缩
4	电茶壶中的电热丝装在壶底	液体对流现象
5	电茶壶的壶身和壶嘴一样高	液体压强
6	电茶壶的手柄做得较宽	固体压强
7	电茶壶的壶盖上有个小孔	气体压强
8	电茶壶的手柄是用塑料做的	热的良导体和不良导体
9	电茶壶工作原理	电流的热效应
10	电茶壶使用三孔插头	家庭安全用电
11	电茶壶烧水沸腾前和沸腾时气泡大小不同	气体压强影响因素
12	水烧开时壶盖被顶起	做功

再比如自行车，学生对其也很熟悉，教材中不少教学内容都可以利用自行车作为资源来讨论、解释：

（1）车座做成面积较大的马鞍形——固体压强影响因素；

（2）各种轴承——滚动摩擦；

（3）车铃——声音的产生；

（4）手柄上套上凹凸不平的塑料套，轮胎的花纹——滑动摩擦力影响因素；

（5）把手、脚踏板——杠杆的原理；

（6）夏天轮胎充气不能太足——气体压强影响因素。

（二）巧用家庭活动

科学就在身边。科学中很多规律就蕴藏在我们的日常活动中。其中，家庭活动就包含许多科学知识，是充满无限生机的科学课程资源。我们在平时的教学中可适时组织一些家庭活动，巧妙地把学生参与家庭活动时的经验、感受、见解、问题、困惑等宝贵的素材性资源引入教学过程，这将会收到意想不到的效果。比如，在"家庭电路"的复习教学中，教师就可以开展"家庭装修与科学"家庭活动，提前一天布置任务，课堂上组织学生相互交流。

1. 关于空调

活动内容：每个房间选择多大功率的空调？安装在房间什么部位？

考查知识点：（1）功与能的知识；（2）对流知识。

2. 关于断路器

活动内容：如何选择合适的断路器？如何正确安装？

考查知识点：（1）家庭电路电流有关计算；（2）断路器连接方法。

3. 关于开关

活动内容：客厅、楼梯、房间等不同的区域分别选用什么类型的开关？如何正确安装？

考查知识点：（1）开关的类型和选择；（2）开关的连接。

4. 关于洁具

活动内容：节水洁具和普通洁具哪种更经济？如何安装才不会产生气味和积水？

考查知识点：（1）节约水资源意识；（2）液体压强知识。

5. 关于热水器

活动内容：太阳能热水器、电热水器、燃气热水器哪种更经济实惠？需要安装容积多大的热水器才能保证家庭人员使用？

考查知识点：（1）能的转化和守恒；（2）功率和功的有关计算。

6. 关于灯具

活动内容：浴室、厨房等不同区域的灯具如何选择？节能灯具和普通灯具哪种更经济？如何正确安装灯具？

考查知识点：（1）安全用电知识；（2）功和功率有关计算；（3）灯的连接。

7. 关于插座

活动内容：各区域需要安装多大功率的插座？如何正确安装？

考查知识点：（1）安全用电知识；（2）功和功率有关计算；（3）插座的连接。

除了"家庭装修"可以作为教学资源之外，不少同学还在家里养了花草，还可以利用家庭花草养护作为资源开展活动，如：种子是如何萌发的？需要什么条件？不同类型的花草在什么样的环境中生长得更好？没有土壤的情况下，花草如何能照常生长？原理是什么？等等。

（三）活用家庭生活现象

科学的本质是探究。因此，在教学过程中应给学生提供充分的探究机会，让学生通过手脑并用的探究活动，认识科学的本质，并获得学习乐趣。而家庭生活中许许多多的现象为学生进行科学探究提供了丰富的素材。

比如，在上七年级科学（上）第四章第六节"汽化和液化"时，可事先布置学生观察用茶壶烧水的沸腾现象，并思考以下几个问题：

（1）水在沸腾前和沸腾时的现象有何不同？

（2）水在沸腾前和沸腾时温度变化规律是怎样的？

（3）水沸腾时水面上方形成的"白气"是什么？怎么形成的？

（4）水沸腾后锅盖的下表面有什么？用手触摸锅盖，有什么感觉？这说明什么？

又如，在上"浮力"这节内容时，事先布置学生在家观察烧汤圆时的现象，并思考以下两个问题：

（1）汤圆的质量和体积发生什么变化？

（2）汤圆为什么先沉后浮？

再如，在上"流体压强"这一节课时，我们可让学生去探究下列问题：

（1）外面刮大风时，窗帘为什么反而往窗外飘？

（2）外面刮大风时，房间虚掩的门为什么会被关上？

（3）水管流出的水为什么直径越来越细？

还有"烧肉制品等食物时为什么用高压锅更易烧熟""盥洗盆下方的下水管为什么要弯成 U 形""电冰箱是如何制冷的""坐便器为什么能自动进水、断水""家里不同型号的剪刀支点位置为什么不同"等生活现象都可以让学生去探究。

家庭是一座课程资源的宝库，如何利用好这座宝库呢？首先，教师的心中要有家庭课程资源意识；然后，要能捕捉到蕴含在家庭物品、活动中的可利用的信息；最后，善于将这些信息转化成教学中的资源。

四、课堂中错误教学资源的开发与利用

传统的课堂教学追求完美，难容错误，让我们只能仰视，感受到更多的是无奈。如今，我们该以怎样的心态来认识教学中的错误，又该采用什么样的方式和策略来利用错误，从而实现错误的教育价值，是当前我们每个教师应该关注的问题。

（一）错误及其教育价值的认识

教学中的"错误"，是指发生在教学过程中的师生行为失误或认知偏差。教学是师生心理和思维活动的过程，学习又是一个探究未知世界的过程，因此教学通常伴随错误发生，主体可能是学生，也可能是教师。

那么，错误在教学中有什么教育价值呢？首先，站在科学发展过程角度去看，错误是真理形成的基石，许多科学真理是从错误中得到启发的。"如果你把所有的错误都关在门外，真理也就要被关在门外了。只要能随时纠正错误，则谬误之门就是真理之门。""一个较为圆满的答案，总是通过许许多多的探索者从各个不同的侧面提出各种各样的较不圆满的答案而达到的。"我们的教学同样如此。其次，从现代建构主义学习理论分析，学习者是基于自身经验背景来建构对事物的理解的，不同人的经验背景是有差异的，建构的标准也是不同的。课堂教学中的错误，是师生个体心理活动的结果，蕴含了个体独特的经验信息，因此错误本身是师生个体认知水平的真实反映，以错误作为教学起点，教学就能更接近学生的认知水平，更符合科学教学的本质。"我们必须学会，从哪个角度看，科学观点不同于我们自己的观点，而在特殊的情境下，为什么科

163

学观点比自己的观点更有价值、更恰当。因此，在教学中不区分学习对象而追求唯一正确答案的做法是不足取的。"此外，错误的价值并不囿于错误本身，错误一旦变成教学资源，师生就会共同经历查错、思错、纠错活动，不仅会在思维和认知上产生启迪，而且思想和情感也会得到交流，师生关系、课堂氛围由此变得更加和谐。

可见，错误是一种重要的教学资源，作为教师必须转变教学观念，重视错误在教学中的价值，抓住契机，巧妙地加以利用。正如美国心理学家贝恩布里奇所说："错误人皆有之，作为教师不利用是不可原谅的。"

（二）"错误"教学资源的生成与利用

1. 站在学生角度，设计包容错误的教学方案

（1）预设错误，使教学设计富有针对性。

教学是一种有目的、有计划的活动，具有预设性，又是师生在教学情境中互动的过程，富有生成性。预设是生成的前提，也是提升课堂教学效果的关键。陶行知认为，我们必须会变成小孩子，才能做小孩子的先生。这就是说，在设计教学方案时，教师应先转变角色，从学生的角度，先去充分评估学生的智力水平、思维特点和经验背景，了解学生认识的局限性，然后再多形式、多角度地进行教学预设。预设的内容应包含学生学习时可能出现的偏差或错误，并在教学过程中留给学生暴露错误、纠正错误需要的足够时间和空间。教师可采用模块式的设计方案，在每步教学程序旁开辟两栏来说明学生可能出现的学习障碍与应对策略，使教学过程更有针对性，如表 10-2 所示。

表 10-2　"通电螺线管的磁场"的教学方案

教学主题	教学程序	学习障碍	应对策略
通电螺线管的磁场	用铁屑代替小磁针均匀撒在通电直导体周围	用铜粉代替小磁针	设问：磁体的性质是什么，什么物体会被磁化
	学生沿着铁屑的排列规律画出螺线管周围的磁感应线	用了实线	设问：磁感线客观存在吗
		未体现疏密变化	设问：磁体周围磁场有强弱变化吗
		磁感线出现相交	设问：磁感线方向表示什么方向，磁体周围某点的磁场方向有几个
	总结通电螺线管周围磁场特点	不能正确地描述，将磁感线与磁场混为一谈	设问：磁场和磁感线有什么关系

（2）故意错误，引发学生积极思维。

李吉林认为，培养学生的创新能力，首先要培养、发展学生的思维能力。但这种思维能力，并不是传统意义上的循规蹈矩式的思维，一味注重抽象、概括、归纳、演绎的单一的逻辑思维，更不是由于长期追求统一答案而形成的定向思维。培养学生的创造性思维品质，通俗地说，就是引导、鼓励孩子们想得远些，想得快些，想得与自己过去不一样，也就是要有意培养学生思维的广阔性、思维的流畅性以及思维的独创性。所有这些都需要给孩子一个宽阔的思维空间。所谓思维空间的"宽阔"，就是可以随意地想，甚至可以想入非非，想错了也无所谓，不受约束，没有定规，不需剪裁，让儿童的思维活动在无拘无束中自由自在地进行。在教学中，教师若能根据学生学习特点和学习状况，在思维节点处、重难点处、疑惑处，看似无意实是有意"犯错"，会给学生思维插上想象的翅膀，课堂会因此变得更精彩。

【案例1】"探究二力平衡条件"教学片段

......

从认知角度看，二力平衡条件知识本身不难理解，因此教师根据课本给出的实验方案进行探究，会比较容易得出结论。因此，该教学的难点不在于实验结论，而在于实验方案的设计和分析。在一些考查该知识点的习题中，我们也可以发现不少问题是针对实验方案设计来展开的，而这些恰恰是学生思维的"盲点"，丢分也最多。为了突破这个难点，教师一开始并没有直接按课本给出的实验方案进行实验，而是另辟蹊径，设计了一个看似严谨却令人疑窦丛生的实验方案：

如图10-1所示，在水平讲台上放置一个木块（底部粗糙，但事先不告诉学生）。教师问学生："要使得木块在水平桌面保持静止，作用在木块两端的力大小上有什么要求？"学生凭借经验不假思索回答"两个力大小要相同"。

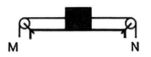

图10-1 "探究二力平衡条件"实验设计之一

教师演示，在M挂两个钩码（各50克）后，教师故意拿起两个钩码（1个50克，1个100克）准备挂在N端上。"老师不对，左右两边的钩码总质量不同。"几位细心的同学发现了教师的破绽。"如此，大家认为木块会不会平衡？"学生异口同声回答"肯定不平衡"。教师演示，学生看到的情景却是木块在桌面上仍然保持静止。学生甚是困惑。

学生讨论分析得出，木块在受到两端的拉力后，有了向左的运动趋势，因此还受到了桌面对它向左的摩擦力。"如何改进这个实验呢？"有学生提出"桌面和木块表面尽可能光滑些""还可以把木块改成小车"。

教师再次演示，如图10-2所示，把木块改成小车进行重复实验，发现在木块左右两端挂质量不同的钩码时，木块还是保持静止。

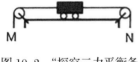

图 10-2 "探究二力平衡条件"实验设计之二

"如何消除摩擦力对实验的影响呢?""可以把木块悬在空中做实验",有学生提出了一个巧妙的方案。

教师演示,如图 10-3 所示。实验结果是由于木块重力较大,两端的拉力没有在同一直线上。也就是说物体悬空法能消除摩擦力对实验的影响,但带来了重力对实验结果的干扰。如何解决这一新的问题呢?"用轻质的卡片来进行实验",学生脑洞大开。

图 10-3 "探究二力平衡条件"实验设计之三

教师修正方案,如图 10-4 所示(教材中实验方案),重新实验。实验圆满成功,学生们喜滋滋的。

图 10-4 "探究二力平衡条件"实验设计之四

"错误"本身源自知识的重点和学生思维的"拐点","故意错误"更是点燃了学生思维的火花,学生在查错、纠错中掌握了知识,提高了分析问题的能力。

2.利用学生错误,生成真实有效的课堂教学

(1)巧用课堂中的错,化错为教学新起点。

现代教学论认为,教学活动是以教与学的"对话"为基础的,是教师价值引导与学生自主建构辩证统一的过程。学生在自主建构新知识时,很可能会出现信息提取错误、信息编码的错位或信息重组的不对称,即在学习中出现认知的偏差甚至错误。此时,教师要放弃"同化"学生观点的思想,积极主动地去"顺应"学生的认识,掌握学生出现认知错误的根源,发现错误中的"闪光点",并以此为起点,创设新的教学情境让学生去探究,错误由此变成了宝贵的教学资源。

【案例3】"光的反射和折射"作业讲评

光的反射和折射现象和规律，是科学七年级（下）第一章的重点和难点内容。在学习了光的折射知识后，由于记忆的前摄和后摄交互作用，学生对生活中的反射和折射现象的区分出现了障碍。对此，教师有预测，并在授课时，对两者关系做了比较。但出乎教师意料的是，相当一部分学生在做这类作业题时仍出错。其中一道题是这样的：

某同学在湖边玩，他站在岸上向水中看能看到：①岸上的树；②水中的鱼；③空中的白云；④自己在水中的倒影。他看到的景物中，属于光反射形成的是＿＿＿＿＿＿，属于光折射形成的是＿＿＿＿＿＿。

这道题，学生困惑：水中的鱼和水中的白云、倒影，都在水中，为什么一个是折射现象，一个是反射现象呢？由于不能正确理解两种像形成的原因，自然就猜测或乱蒙。面对学生错误，教师没有回避，也没有简单处置，直接给出正确答案，而是从错误背后看到了学生对这部分知识仍存在着理解上的困难。这是一次提升学生认知的极好机会。于是，教师在新课教学前特别安排了一个"如何判断光的反射和折射现象"专题内容，教师通过组织学生讨论，议错、辩错、改错，最终使学生较好地理解了两者的关系，课堂检测中，学生成绩较理想。

建构主义学习观认为，学生的错误不可能单独依靠正面的示范和反复的练习得以纠正，必须是一个"自我否定"的过程。作业中的错误是学生真实经验的反映，教师将学生作业中的错误再现，使学生对已有的认知进行了又一次的建构，不仅帮助学生有效地纠正了错误，获得了真知，激活了思维，而且使错误生成为教学中的有效资源。

（3）善待学生出的错，化错为学习动机新触发点。

意义性教学活动的根本目的不是传授已有的文化知识，而是要把人的创造潜能诱导出来，将生命感、价值感从沉睡的自我意识中"唤醒"。唤醒学生自主发展内驱力，这正是教育的核心之所在。不少教师缺少错误资源观，把学生出错视为洪水猛兽，往往以一个"错"字阻断学生思考，然后亲自"上阵"，拉住学生直接迈过"错"的门槛，看似省时有效，其实让学生失去了锻炼思维的好机会。心理学家盖耶认为，谁不考虑尝试错误，不允许学生犯错误，就将错过最富成效的学习时刻。作为教师，我们要用欣赏的眼光去宽容、理性地对待学生的错误，用激励的语言去鼓励和肯定学生的参与，学生没有了怕犯错的思想包袱，就能甩掉思维的束缚，自由地表达意见，如此不仅能认识到错误，更好地理解所学的知识，而且还有利于提升学生学习兴趣，增强学习动机。

【案例4】"影响浮力大小的因素"教学片段

在探究"影响浮力大小的因素"实验中，学生在老师的引导下，通过实验顺利得出了浮力大小与物体排开液体的体积和液体的密度有关。排开液体的体积越大，浮力越大；液体的密度越大，浮力越大。正当教师要继续下一个环节内容时，一位学生突然举手表达了一个不同的观点。

"老师，我认为刚才的一个实验（如图10-5）还可以说明浮力的大小还和物体浸在液体的深度有关。"

"哦，为什么这么说？具体说说看。"（老师显然有些惊讶，因为，在老师看来，实验结果已经很清晰了。）

"当铁块浸入水中的深度越大时，我们发现弹簧秤的示数越小，说明铁块受到的浮力越大了，这不就说明浮力大小与物体浸入液体的深度有关吗？"

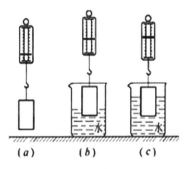

图10-5 "影响浮力大小的因素"实验设计之一

"对哦，对哦"……还没等他说完，台下就出现了不少附和声音。

（老师也意识到，该同学是把"铁块浸入水中的深度变化"看作了一个变量在进行分析，不能理解到在这一过程中"物体排开液体的体积变化"才是导致浮力变化的本质原因。显然，这是一个学生易混淆的知识点，很可能不是个别现象，完全有必要让学生再来一次"观念冲突"。）

"似乎有道理，浮力与物体浸入液体的深度是否真有关呢？下面，我们就一起来探个究竟。"

"要探究浮力大小是否真的和物体浸入液体中的深度有关，实验条件应进行怎样的控制？"

"只改变物体浸入液体的深度，液体的密度和物体排开液体的体积应保持不变。"

"具体应如何操作呢？"

"可以把铁块浸没在液体中（物体排开的液体的体积保持了不变），然后改变铁块浸入液体中的深度，观察弹簧秤的示数变化。"

"很好，下面请这位同学上台再用桌上的仪器具体演示一下吧。"

如图10-6所示的实验结果，大家发现随着铁块浸入液体的深度逐渐增大，弹簧秤示数并没有发生改变，这说明浮力的大小和物体浸入液体的深度是没有关系的。实验结论虽然很明确，但学生的表情似乎还停留在疑惑状态。

"对刚才前面的实验，同学提出的疑问如何解释？"台下，有同学在嘀咕。

"哦，我知道了，刚才的实验

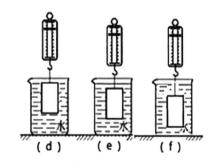

图10-6　"影响浮力大小的因素"实验
设计之二

中，因为铁块没有浸没在液体中，当铁块浸入液体中深度增加时，物体排开液体的体积也在增大，实验中存在多个变量。"

"哦，是这样！"学生们都很兴奋，老师更显得兴奋，学生思维一次意外的"错"，化解了一个知识的"梗阻"。

面对学生的错误，老师没有回避，也没有简单处置，而是以一种宽容的心态，从生成教学资源的角度，让学生适时地在体验错误的过程中，暴露出原先隐藏的一些错误认识，从而帮助学生自发地发现错误和解决错误。如此，一方面激发了学生的思维，另一方面也给了学生积极的情绪体验。

3. 分享教师错误，教学因错误变得更有张力

初中科学是一门综合课程，涵盖原来物理、化学、生物、地理等学科内容，对科学老师综合学科素养要求高。然而，当前各大师范院校仍然是按学科体系培养师范生，导致科学教师学科知识结构单一，对科学教材中非本专业体系的知识不熟悉或者理解不深刻，因此，科学教师在教学中犯错就不可避免。或许是由于师道尊严的价值观影响，教师对自身出错往往难以接受，也缺少对教师出错的教学价值的有效研究。先圣有言："君子之过也，如日月之食焉。过也，人皆见之；更也，人皆仰之。"因此，在教学实践中，教师应该真正树立平等师生关系观，敢于和学生分享自己的错误，妥善、巧妙地处理错误。这样的教学方式和态度，会给学生日常学习、身心发展以及情感培养等方面带来积极的影响。

【案例 5】"电动机消耗的功率计算"教学片段

我们知道，灯泡、电热壶等的纯电阻电路，消耗的电能全部转化为热能，而电动机这样的非纯电阻电路，消耗的电能转化为电阻的热能和转子的机械能。因此，电动机转动时，欧姆定理 $I=U/R$ 不再成立，电动

机消耗的电功率 $P=U×I \neq I^2×R$。学生解题时很容易忘记欧姆定律的适用条件，不少非物理学科专业的教师也常忽视之。一次有关电动机消耗的功率作业讲评中，一位年轻教师忽略了电动机消耗的机械能，用了公式 $P=I^2×R$ 计算。结果，与给出的标准答案相差甚远，他认为是标准答案错误，对此，学生纷纷质疑。大约一个星期后，该教师与笔者谈起了这件事情。笔者指出了其错误的根源，教师发现了自己的问题所在。于是，在下一节课上，他向学生坦诚地讲了自己的错误："上堂课，我的理解错误，解题方法有误，这堂课我要重新纠正……"他充分地和学生分享了自己的错误过程，也分享了如何从错误走向正确的轨迹。讲完之后，底下一片掌声，令年轻的教师感动不已。

面对教学中的错误，老师身体力行，不搪塞，不回避，而是坦然面对，积极应对，发挥了"榜样效应"，体现了实事求是的科学精神，不仅没有丧失权威，而且赢得了学生的敬意，教学因错误变得更美丽。

美国教育家杜威认为：失败是有教导性的。真正懂得思考的人，从失败和成功中学到的东西是一样多的。在教学中，我们应当重新审视课堂教学中的错误，树立错误教学资源观，积极挖掘错误中的教育价值，最终实现师生共同成长。

参考文献

［1］叶堃鹏，胡志刚.浅议中学化学课堂的有效教学 [J].化学教与学，2014（1）.

［2］李宏恩，郭强.浅谈物理探究学习中的概念教学 [J].科技信息（科学·教研），2008（14）.

［3］谢杰妹.初中科学教学中问题生成与问题解决的互动策略 [J].教学月刊（中学版），2013（4）.

［4］尹文芬.论五星教学模式在远程教学过程中的探索与运用 [J].湖北广播电视大学学报，2013（12）.

［5］武霞.浅谈布鲁纳的认知结构学习理论 [J].文学教育（中旬版），2011（3）.

［6］梅里尔.首要教学原理 [M].盛群力，钟丽佳，等，译.福州：福建教育出版社，2016（7）.

［7］盛群力，马兰."首要教学原理"新认识 [J].远程教育杂志，2005（4）.

［8］赵萍.五星教学原理在浙教版"杠杆"教学中的应用探讨 [J].课程教育研究，2017（5）.

［9］姚国明，唐亚平.初中科学高效课堂的本质和实现策略 [J].教学月刊，2019（10）.

［10］中华人民共和国教育部.义务教育初中科学课程标准：2011年版［M］. 北京：北京师范大学出版社，2012.

［11］胡卫平，郭习佩，季鑫，等.思维型科学探究教学的理论建构［J］. 课程·教材·教法，2021（6）.

［12］康琪，丁邦平.从科学探究内涵的界定与发展理解科学探究的本质： 基于美国科学课程文件的分析［J］.基础教育课程，2021（5）.

［13］杨勇诚.初中物理教学中提高科学探究实效性的五项建议［J］.中学 物理教学参考，2020（9）.

［14］朱清时.科学教学参考书［M］.杭州：浙江教育出版社，2002.

［15］郭小林，杨舰.科学方法［M］.北京：科学出版社，2013.

［16］张晓艳，毕燕.科学方法教育的现状与对策：以中学地理教育调查 为例［J］.广西师范学院学报（自然科学版），2015（1）.

［17］田丽芳.科学方法教育的内涵及途径：以化学学科为例［J］.甘肃联 合大学学报（自然科学版），2008（4）.

［18］袁运开，蔡铁权.科学课程与教学论［M］.杭州：浙江教育出版社， 2003.

［19］王坦.论合作学习的基本理念［J］.教育研究，2002，23（2）.

［20］潘小明.生成性数学课堂教学初探［J］.当代教育论坛（学科教育研 究），2007（18）.

［21］黄钟.平板电脑支持下的课堂变革［J］.中小学数字化教学，2018 （5）.

［22］何如涛.化学课堂教学动态生成例谈［J］.中学化学教学参考，2007 （7）.

［23］周苏丹.浅谈小学生错题归因能力的培养［J］.课程教育研究，2016

（30）．

［24］高维．探究性教学在语文课堂上的尝试 [J]. 文学教育（中），2012
（2）．

［25］陈振泉．运用多种教学策略 引导学生自主学习 [J]. 考试周刊，2007
（44）．

［26］施良方．学习论 [M]. 北京：人民教育出版社，2001.

［27］施红专．化学探究性学习问题情景创设的研究 [D]. 南京：南京师范
大学，2007.

［28］周青．科学课程教学论 [M]. 北京：科学出版社，2007.

［29］骆建江．物理家庭课程资源的开发和利用 [J]. 教学与管理，2007
（9）．

［30］韩华球．错误：一笔重要的教学资源 [J]. 课程・教材・教法，2005
（3）．

［31］李吉林．教育的灵魂：培养学生的创新精神：下 [J]. 人民教育，2001
（10）．

［32］张天宝，王攀峰．试论新型教与学关系的建构 [J]. 教育研究，2001，
22（10）．

［33］徐爱勇．对几道数列习题"错误聚焦"的教学实录与反思 [J]. 数学
教学研究，2015，34（7）．

［34］陈琳．基于"错误资源"利用的"体验式"数学纠错的策略研究 [J].
教学月刊，2019（28）．

［35］朱清时．义务教育教科书科学教学参考书：七年级下册 [M]. 杭州：
浙江教育出版社，2013.